亲 密 关 系

亲子关系的重建

Raising a Parent
A Radical
Approach to
Stress Free Parenting

〔加〕克里斯多福·孟 著　王岑卉 译

Christopher Moon

湖南文艺出版社
HUNAN LITERATURE AND ART PUBLISHING HOUSE　博集天卷
CS-BOOKY

谨以此书献给孟禅、孟明和世上所有的孩子。

我们这些做父母的要感谢你们,

你们是最伟大的老师。

自　序

　　儿子一岁那年，我踏上了一段漫长的旅程，开始原谅父母在抚养我和兄弟姐妹的过程中犯过的错误。我发现，自己身为人父之后不断犯类似父母曾经犯下的错误。这趟谅解之旅持续了很多年。我渐渐明白了，我认为"应该是完美无缺"的爸爸妈妈，只不过是在育儿迷宫中摸索前行。尽管我阅读了大量的育儿书籍，事先做好了准备，但还是会不断犯错。我犯的那些错对儿女毫无帮助，甚至给他们带去了痛苦。最终，我意识到，只要我对自己心怀慈悲，向儿女承认我犯了错，并以对他们的爱为动力，成为配得上他们的父母，犯错就是学习的机会。

　　我记得有一次，儿子七岁那年，我几个小时前就叫他去喂狗，他却没有照办。我在训儿子的时候，突然感觉身后有人。我转身一看，发现女儿站在那里，正目不转睛地盯着我。我感觉羞愧极了，径直回屋捂住了脸。事后，我想起了一位朋友说的话："每当你发现自己行为不当时，请记住孩子就在你身后，追随你的脚步，以你为榜样。问问自己，我想给孩子树立什么样的榜样？"我尽可能

1

将这话铭记在心（但也常常忘记），不仅应用在养育孩子的过程中，也应用在婚姻中。它是我走向情绪成熟之路上的指路明灯，这条路我至今还没有看到尽头。

我们只能依照自己的情绪成熟度采取行动，而从我见过的成年人的行为方式来看，有众多证据表明，几乎没人达到情绪成年。儿子出生的时候，尽管我的身体已经三十六岁了，但我觉得自己的情绪成熟度只有八九岁。每当儿女的行为让我感到不适时，我常常变得焦虑、不耐烦、沮丧或愤怒，尽管他们的举止其实相当正常，也符合他们所处的年龄段。虽然我没有像我父母那样，经常做出那些情绪反应，但我明白，自己的行为像他们一样幼稚。

遵循"个人当责"原则行事让我有所成长，我了解到了一种迄今为止仍然很少有人提倡的育儿方式。事实上，父母也需要成长。随着智慧和情绪成熟度的提升，他们能为孩子创造更广阔的成长空间。

小时候，父母留给我的印象更多是"说一套做一套"。无论餐桌上摆着什么，父母都会逼我们通通吃掉，不管我们喜不喜欢吃，而他们端上桌的全是他们自己喜欢的菜色。父母闹矛盾的时候，会冷眼相对，好几天不说话。但当我生姐姐的气，拒绝对她说话时，我却会因为对人刻薄而遭到训斥。我因为打了朋友一拳挨过打，父母告诉我不该打人。但有一天，我弄丢了狗项圈，被扇了好几巴掌。而当我父母弄丢东西时，他们并不会扇对方耳光。他们自相矛盾的做法，以及频繁出现的不公平待遇，在我的童年和青少年时期反复上演。十八岁那年，我向自己发誓，如果我有幸成为父亲，**绝**

不会像他们对待我那样对待孩子！

噢，我真是大错特错了。我常常采取跟父母一模一样的做法，我的育儿方式也像父母一样前后矛盾。实践"个人当责"帮我了解了为什么会这样：这是无意识的情绪反应行为。每当儿女的行为惹恼我或让我焦虑时，就会触发无意识的条件反射，我就会从焦虑、失望、不耐烦、沮丧或愤怒出发做出反应，有时甚至是上述所有情绪综合起来。而且，我这么做的时候根本意识不到。情绪大爆发之后，我通常会感觉糟糕透顶，但它会立刻被我**无意识**的合理化抵消。我会说服自己：首先，这是为了我孩子好；其次，我没有别的选择，没有其他办法。（令人惊讶的是，从成为父母的那一刻起，你就能以极其不理智、愚蠢、无效的方式采取行动，却**永远是对的**。）

父母也需要成长，孩子是上天的完美设计，是来帮助我们成长的。通常来说，他们每天都会帮我们成长，有时甚至是每个小时。他们不断试探我们划定的边界，被动或公然挑衅我们的权威，经历创伤，面对失败，感到孤独、困惑和挫败……孩子的这些童年经历会直接影响父母，逼着我们做出选择：是从无意识的情绪出发，盲目地做出回应，还是有意识地以耐心、信任、智慧和清晰的思维加以应对。有些父母意识到，如果他们希望孩子长大后拥有信心、耐心、智慧和内在力量，能够克服生活中的任何问题、挑战和障碍，他们就必须以身作则给孩子做榜样，让孩子从他们身上学到上述品质。这本书就是写给这类父母的。

各位爸爸妈妈，你们是孩子最初的老师，也是对孩子影响最大的老师。从几个月大的时候开始，孩子就一直在观察你们，向你们学习。让我们不仅仅用话语来引导孩子，而是以身作则，成为孩子的榜样。

克里斯多福·孟

CONTENTS

目 录

第一章

通过犯错得以成长

*

在养育子女的过程中，沟通是极为重要的一方面。大多数亲子之间的沟通，尤其是在发生冲突时，通常是这样的：

但越来越多的父母发现，如果像这样对孩子说话，效果会更显著：

父母对孩子的管教、引导、劝告都属于沟通，因此关键在于弄清是什么促使你以现有的方式与孩子互动，哪怕这种方式效率低下、毫不健康，或是对亲子关系有害无益。

这本书并不是要告诉你在哪种情况下该对孩子说哪些话，而是想确保你说的话对亲子双方都最有好处。我确信，你像我一样，肯定是一心只想为了孩子好。但就我而言，至少是有些时候，我的愤怒、沮丧、不耐烦、失望或焦虑（有时甚至是上述所有情绪综合起来）会给亲子互动蒙上阴影，而其中大部分情绪都是无意识的。

在这里我想强调一句，本书中会频繁提到"无意识"（unconscious）这个词。因为，无论你是希望了解自己和孩子的行为，还是想弄清这些无意识行为是如何相互促进的，"无意识"这个概念都极其重要。虽然这个词有多重含义，但在这本书中，它指的是你心智中能做出决策、驱动行为、存储被压抑的感受与态度的那一部分，而你完全没有觉察到上述情况发生。比如，你可能无意识地洗着碗，脑子里想着明天要做的事，突然意识到自己根本没放洗洁精；你可能无意识地冲孩子大吼大叫，却不知道是什么情绪驱动了自己的行为。事实上，父母采取的大多数无效行为通常都是无意识的。

说实话，你所说、所做的一切并不是真的为了孩子好。我这么说丝毫不带批判意味——因为人生来就不完美，会犯很多错。因此，父母往往会在亲子关系中犯错。这不要紧，真正重要的是如何应对这些错误。现实一点吧，你可能会犯很多很多错！而你应对这些错误的方法基本可以分为两种——要么是抗拒，要么是接纳。

抗拒错误有以下几种方式：

- **否认你犯了错**（你可能会想：我父母就是这么对我的，结果不是也挺好的？所以，你也可以如法炮制）。

- **用虚假的道歉为你犯的错辩护**（你虽然对孩子说了抱歉，但随即表示你刚才么做是为了他们好，然后让伴侣或其他家长赞同你的做法）。

- **宣称出现这种情况是孩子的错，所以你犯错也是他们的错**（你几乎是在责怪孩子逼你做出了这种情绪反应）。

抗拒错误最终造成的问题在于，你可能会一遍又一遍犯下同样的错误，而每次都得到同样的无效结果，你逃避错误和责任，然后让这个恶性循环继续下去。你会坚持认为都是孩子的错，因为他们不配合或不服从你，所以他们才是要改变的人。结果呢？你什么也没学到——没有得到成长，也没有迈向情绪成熟。

在以下几种情况下，你会接纳错误：

- 认识到它们是错误；
- 对它们负全责；
- 探索可能需要的调整。

我确信，你与孩子的许多互动都明智且有益，所以我不是说你做的每件事都是错的。但当错误出现时，如果你能更多地将它们视为"航线修正"，也许会更有好处。

我把犯错看成是飞机偏离航线，或是帆船偏离预定目的地。你要做的就是航线修正，而这正是飞行员和水手们反复做的事。想象一下，他们如果拒绝承认自己偏离了航线，或者把驾驶飞机或帆船时经常发生的这种问题归咎于别人，那也未免太荒唐了。你如果认真思考，就会发现同样的道理也适用于养育子女。人无完人，你会经常偏离自己设定的路线。接受这一点，能让你看到自己在哪里偏离了航线，并做出适当的修正。但是，如果你拒绝接受要为导航负责的人是为人父母的你，那你就无法做到这一点。

我曾写过一部关于亲密关系的作品，在书中提出了一个模型，叫作"百分之三百的关系"，包括：

- 百分之百的诚实；
- 百分之百的负责；
- 百分之百愿意承认并接纳自己的错误。

目前来看，我和我遇见过的所有人，都没能达到上述的高标准。但只要是尝试过的人都说，哪怕是百分之一的提升，也能取得丰厚的成果。现在，我只想强调其中第三点：承认并接纳你犯的错。公开谦逊地承认错误，不仅会使你的亲密关系发生健康的转变，而且会让你的个人成长与情商得到提升。

我常常指出父母很需要成长，这听起来可能有点侮辱人，但请想一想，根据著名婚姻专家戴维·史纳屈（David Schnarch）博士的说法，当你离开原生家庭时，无论你的实际年龄有多大，情绪年龄都跟你父母一样大。[1]

我在社交、工作、举办讲座和做咨询的过程中遇见过成千上万的人，从中得出了一个结论：人类的情绪成长远远落后于身体和智力的成长。看电视剧和新闻的时候，我的这一观点得到了反复强

[1] 激情婚姻研讨会，戴维·史纳屈与露丝·史纳屈博士主讲，得克萨斯州休敦顿，2003 年。

化。看着世界上正在发生的冲突，我意识到，肩负重大政治责任的成年人有时会幼稚得令人难以置信。就我个人而言，十八岁离开家的时候，我的情绪成熟度可能只有六七岁。我凭直觉估算出，我父母的情绪年龄也差不多是这么大——但我的几个兄弟姐妹给他们估算的年龄更低！

不妨回顾一下你的童年，想想你的父母是如何处理问题和人际冲突的。他们有多经常任凭愤怒控制自己的行为？他们有多经常屈从于自己的焦虑，对你表现出沮丧或不耐烦？当然，这不能全怪他们。他们只是凡人，只能根据自己的情绪成熟度做到最好。

问题就在于，你只能根据自己的情绪成熟度采取行动，因为无意识的情绪体验会引导你的行为，导致出现以下情形：

1. 你发现，孩子本该做作业，却在玩游戏；

2. 你变得很恼火，或许还有点焦虑；

3. 你没有意识到的情绪被触发了；

4. 你冲孩子大吼大叫，指责、威胁、批评孩子，甚至大打出手；

5. 孩子不乐意地放下游戏，开始学习，但心怀怨恨，觉得你对他不公平；

6. 你离开时感觉有点糟糕，但对孩子乖乖听话的表现感到满意；

7. 你强化了自己的信念，认为这么做对孩子来说是最好的做法，因此从不怀疑存在更有效、更成熟的育儿方式。

你如果想以更多的智慧、善解人意、耐心、信任来指导、劝告并管教孩子，那么在情绪成长这方面或许还有很长的路要走。但是，你如果不承认自己犯的错误，不致力于从中吸取教训，不进行适当的航线修正，就不可能实现情绪成长。

我在三十四岁那年初为人父，当时我的情绪年龄大概只有八岁。当孩子们离开家时，我可能已经长到了十一二岁——也许吧！如果没有"百分之三百的关系"模型的指导，我甚至不可能取得这么大的进步。我面临的最大挑战是不肯接受自己犯了错，不肯承认自己偏离了航线。

结果，我原地兜圈，总是犯同样的错，然后拒绝认错，最后什么东西也学不到——就这样一次又一次地循环往复。每隔一段时间，我会停下来，审视自己在做什么，又是什么让我这么做的。在那些时候（这种情况极其罕见），我会鼓起勇气向太太和孩子们认错，下定决心下次会用更多的爱与智慧加以回应。这小小的一步带来了巨大的改变！它让我们全家无比和睦，每个人都感觉和他人亲密无间。

第二章

出发点

＊

你对孩子说的话非常重要，但不如你说话的出发点重要。你或许知道，语言只占沟通内容的 7%，辅助语言（语气、语调、落在某个或某些词上的重音）约占 35%，剩下的 58% 则是肢体语言。如果这千真万确，那么你可能会同时在"说"两三件不同的事。请想象一下你和孩子相处的情景，你嘴里在说"我只想帮你"，你的辅助语言却在说"我对你很失望"，你的肢体语言则在说"你最好乖乖听话，不然就等着瞧"！

就我个人而言，我曾试图用积极正向的话语鼓励孩子，同时很清楚自己对孩子感到失望，并以批判的眼光看待他们。有时候，我打趣的话语令人捧腹，但有些时候，同样或类似的话语仅仅是为了掩饰讥讽，因为我对孩子不耐烦。很多时候，这种混杂的信息会让孩子困惑不安。

有时候你感到焦虑，或是因为失望而伤心，说话的语气却像在发火；或者，你的语气似乎很平静，实际上却感到受挫。有些父母似乎忘了，孩子在能理解父母所说的内容之前，就已经读懂了父母的肢体语言和语气。因此，你也许会得出结论——为了真正有效地与孩子交谈，父母的沟通方式必须融合语言、辅助语言和肢体语言。但是，你往往会忽略其中存在一个巨大的挑战：沟通大多是无意识的，尤其是当亲子之间发生冲突或遇到危机的时候。

是的，情绪反应通常是无意识的。因此，情绪反应会影响沟通，我们却没清醒意识到自己在"说"什么（言语、语气、肢体语言），以及自己以这种方式说话到底是为了什么。事实上，育儿行为（包括沟通）有两个基本动机：一是爱，二是控制。如果你不是用爱引导孩子，就是全凭情绪开口，试图用负罪感和恐惧来控制孩子。后文会深入探讨这个问题。

育儿原则：

说到采取行动，父母永远可以在"爱"和"控制"之间做出选择。如果你不是爱孩子，就是试图控制他们。

为了帮助你了解自己的沟通方式，学会进行适当的航线修正，我想介绍一下我提出的一个模型。为了让你更好地理解这个模型，我想先讲一个故事。事实上，那是我的亲身经历。不过别担心，故事很短。

人们都说，童年是快乐的时光，充满玩乐和喜悦，但我不是其中一员。我本质上是个心地善良的男孩，从小就拥有沟通天赋，充满创造力，极具想象力，风趣幽默，深受所有邻居的孩子喜爱，总能逗得大家哈哈大笑。我出生在一个好的家庭，喜欢玩玩具，也喜欢跟朋友相伴，可是……有些时候，我觉得生活可怕又痛苦。

人生旅程中有许多颠簸起伏，包括感情受挫、失去朋友、长辈去世，更别提恐怖的噩梦、父母对我"表现不好"的惩罚，以及兄弟姐妹间的争吵了。长到三四岁的时候，我已经不觉得世界是个游乐场，只觉得它既有痛苦也有快乐，既有幸福也有悲伤。尽管我天生外向，也得到了许多优秀人士的照料，但我清楚地意识到了人有多容易受伤。因此，我认为最好学会尽可能保护自己不受伤害。

除了小心翼翼地避免身体受伤，我还开始研究如何控制周遭环境，以避免情感伤痛、心碎和在亲密关系中遭遇不幸。我发现愤怒是很管用的工具，可以用来压抑受伤的感觉，阻隔伤害或威胁我的人。

我还学会了操纵他人以满足自己的需求——我最大的需求就是在每个人心中占据特殊地位。如果别人不听我的操纵，那我也有愤怒作为依靠。于是，我给自己打造了一套盔甲，用来控制周遭环境，确保自身安全。接下来，我又学会了操纵别人的方法，以便满足自己的需求。最后，我用"面子"或者说人格面具掩盖了这一切，通过给自己归属感的方式与别人互动，不给他们太多机会接近我或

量子场

面子

防卫

信念

本质

控制

安全

脆弱

操纵

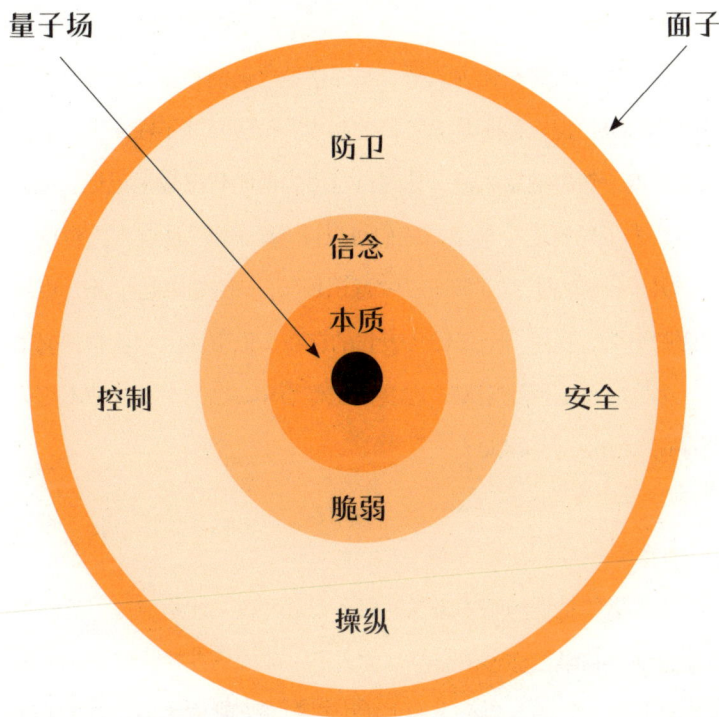

伤害我。就这样，我在人世间找到了自己的定位。

　　这个模型有很多叫法，取决于我想用它来解释什么，所以这一次我们就叫它"圆圈模型"（circles model）吧。在这本书中，它代表每个人的人生旅程。接下来，我会根据自己的理解加以解释。但我必须承认，我的理解并不完备。这个模型具体分为以下几部分。

● 量子场

这一圈代表你在化为人形、呱呱落地之前的存在。我对它的理解极为有限，但它似乎是个不错的起点。你曾经并不在人世，后来呱呱落地，然后继续生活，你对自己出生前的状况毫无记忆，毫无觉察。为了理解这个模型，我们可以说"量子场"是进入人世的大门。另一种理解方式是视它为"意识场"，一切都缘起于此，也终将回归于斯。我用一个黑圈代表它的存在，但事实上它没有任何维度，因为它不受时空限制。在我的工作坊中，我称之为"妙不可言的存在"（the ineffable）。

● 本质

这里指的是你的基本天性，那个天赋异禀、才华横溢、美妙万分的存在，它早在你形成有意识的人格之前就已存在。每个人的本质都是独一无二的，每个人的本质中都充满天赋与才华，但其中许多终其一生都不会得到开发，甚至不会被觉察。有些人甚至一辈子都不会意识到自己的任何一种天赋。许多人求助于咨询师、通灵师、占星师或其他老师与权威人士，请他们帮助自己发掘本质中的这些美妙特质。事实上，似乎大多数人都知道自己的天赋，但没意识到自己知道。

● 脆弱

当你开始认同自己的肉身存在局限性时，就很容易埋没自己的本质。请试想一下，你是个弱小的生灵，要花一两年时间才能学会走路。你大概能想象得出，自己的双腿双臂有多么虚弱，自己有多容易被撞伤或擦伤。你越是认同自己是肉体凡胎，而不是天赋异禀的存在，就越会意识到肉体的局限性。接下来，你会产生恐惧。恐惧是这个过程中的主要情绪因素，它会让你觉得，在辽阔无际、潜藏危险的世界中，自己既渺小又脆弱。恐惧会渗入你的梦境，让你意识到自己随时可能遭到抛弃，让你产生寻找安全保障的需求。需求也是强化你脆弱感的重要因素。你需要的太多，拥有的却太少。这种观念会强化你对外界和他人的依赖，需要外界和他人来满足你的需求。这会导致你忘记自己内心拥有的财富。

脆弱还有另外一个方面，也是我在这本书里经常提到的，它涉及你的感受。你可能不记得自己有多常感到无力、无助、孤独、不配、无足轻重、被抛弃、心碎、迷失……但这些都是人类普遍存在的感受，是人类脆弱感的组成部分。

● 安全、控制、防卫与操纵区

最终，你在自己的安全、控制、防卫与操纵区栖居下来。像我一样，你找到了保护自己不受伤害的方法，主要防御武器是愤怒。它要么让你对威胁你的人大发雷霆，退回冷漠或内心狂怒状态；要么让你运用讽刺、挑拨离间或其他更狡猾的方法，在表现得不冷不热、疏远甚至友好的情况下对目标发起偷袭。像我一样，你也学会了操纵别人的方法——从施加恐吓到施展魅力，从慷慨大度到狡猾欺诈——好让对方满足你的需求。这些方法无论是积极的还是消极的，都有着相同的目标，那就是满足你对重要性、归属感和安全感的需求。

● 面子

这是你闯荡人世的方式。社会看到的你是一副面孔，朋友看到的是你稍显亲密的样子，潜在伴侣则会看到你个性中最精彩的一面。你的"面子"或许看起来强大迷人，严肃庄重，谦逊善良，软弱无害……存在无限种可能性，但无论你选择哪种，它都**不是你的本来面目**。安全、控制、防卫与操纵区的任何一个方面都不是。就连你在安全、控制、防卫与操纵区看到的那个脆弱的存在，也不是真正的你。

如果说存在"真正的你"，它很可能是通过量子场之门进入人世的那个充满天赋、极其重要的奇妙存在。在生活中，你已经多次触及过那个存在。它会在你发挥创意时显现出来，无论你是扮演画家、雕塑家、老板、律师、老师还是铺路工。你可能没有觉察到那个本质，因为：（1）你认为自己是那具肉体和它相应的名字，而不是真正的你——那个充满天赋的存在；（2）那种感觉如此自然，如此顺理成章，以至于你没有多想，也没有重视；（3）你运用那个天赋满足自己对归属感和重要性的需求，所以没有专注于创意过程。

那么，这个模型与养育子女或亲子沟通有什么关系？**处处都有**

关系！我在前文提到过，你说什么并不重要，重要的是说话的出发点。上述模型代表你和你的孩子，你们双方都持续从模型中的某一圈出发，表达自己的想法并（或）采取行动。这意味着，如果你从安全、控制、防卫与操纵区出发对孩子说话，哪怕你嘴里说出的话充满善意与关怀，辅助语言和肢体语言也会反映出你的立场。而在亲子冲突中，你很少会说出善意的话语。

例如，有一位叫优子的妈妈，她的儿子健一在学校里成绩很差，回家后也不好好学习。被老师喊去学校，得知孩子表现不好时，父母通常的反应是恼火。因此，被老师叫去学校的优子回家后，对十二岁的健一憋了一肚子火。但根据过往经验，优子知道，如果她冲儿子大吼大叫，儿子就会拉下脸来，对她说的话毫无反应。此外，她正在读一本书，书里讲的是如何与孩子交谈，好让孩子配合。

这一次，优子回家后保持冷静，试着跟儿子讲道理，向他解释只有取得好成绩才能进入好大学。那么，妈妈冷静的举动是否让健一敞开了心扉？并没有。他闷闷不乐地钻进了“壳”里，默默地想出了更有创意的方式，以便逃避做作业。优子逼自己忽略儿子噘起的小嘴。虽说她真的很想狠狠扇儿子几个耳光，但她并没有那么做，而是问儿子怎么看自己糟糕的成绩，是什么导致他不愿意学习。

结果呢？健一没有回答。优子只好拿枕头蒙着脑袋尖叫。她清楚自己很爱儿子，但此时此刻，她一点也不喜欢他。她觉得儿子大概有心理问题，甚至可能需要向专家求助。可是，她不希望别人知道儿子有心理或情绪"问题"，因为那太丢面子了。况且，健一可能会坐在心理医生的办公室里，对医生露出与刚才一模一样的噘嘴表情。

优子不知该如何是好了！

育儿原则：

你孩子的"问题"只是冰山一角。

这种情形很像冰山，因为底下潜藏的东西比表面上看到的多得多。从表面上看，优子对健一很愤怒并试图控制怒气，健一则对妈妈消极发怒，似乎还烦恼不安。在这些表现背后，两人都出现了一系列复杂情绪，都体会到脆弱的感觉。不过，母子俩是以防卫、操纵的态度进行互动的。从表面上看，健一似乎很顽固，但在这种表现的背后，他缺乏安全感。他的理智不理解自己体验到的痛苦，他也不想让妈妈看到自己的痛苦，哪怕是一点点也不行。他只想一个人待着。

与此同时，优子心中满是对儿子的担忧，也为自己育儿失败感到羞愧，为自己不是个好妈妈（或好太太）感到焦虑。她并不了解这些，只是觉得难受，希望糟糕的感觉消失。她觉得，如果健一能变成优等生，自己的感觉就会好得多，她讨厌的那个噘嘴小浑蛋也会消失。因此，她停驻在自己的安全、控制、防卫与操纵区，健一也停驻在他自己的安全、控制、防卫与操纵区。这么一来，母子俩的沟通又能有多少效果？

说到底，退回安全、控制、防卫与操纵区的孩子不太可能配合你，因为在那个区域里根本不存在对双方都有利的有效沟通！请试想一下，妈妈试着跟健一讲道理时，健一可能会有什么样的感受。在他听来，妈妈说的每句话都像是批评、指责、批判和人身攻击——一个人处于防卫状态时，会把别人抛来的东西通通视为攻击。

而一个人说话充满防卫时，则是感觉对方的做法对自己构成了威胁。例如，在优子看来，健一拉下脸、噘起嘴的模样是顽固叛逆的表现。简而言之，儿子的那副模样是在挑战她的权威。如果没有了权威，她就会失去控制权。这种情况促使许多父母采取了孤注一掷的做法。

情绪不成熟的人（也就是世上大多数人）经常遇到这样的情况：当一个人站在防卫、操纵的立场开口说话时，另一个人也站在同样的立场听对方说话（你知道吗？几乎所有战争都是站在“自卫”的立场发起的，哪怕是挑起战争的入侵者，也是这么认为的）。

那么，当你和孩子都站在防卫立场进行沟通时，怎么才能找出和谐的解决方案？答案可以归结为一个问题：你们沟通的目的和目标是什么？根据沟通的目的和目标，具体可分为两类做法：一类是管用的，一类是不管用的。

就实现目标而言，不管用的目的包括：

- 坚持己见；
- 掌控对某人的支配权；
- 为你的行为辩护，无论它是多么错误、不适当、效率低下、令人费解；
- 操纵他人，让对方做你希望他做的事；
- 证明你的重要性；
- 让你能得偿所愿；
- 使问题消失不见。

就实现目标而言，管用的目的包括：

- 达成双方都满意的共识；
- 修正前进路线；
- 滋养和谐关系；
- 承认冲突或问题让你觉察到的脆弱，以便有效应对；
- 彼此认可对方的天赋和本质；

● **在情绪成熟的道路上更进一步。**

你更喜欢哪种做法？就我个人而言，上述两种做法我都试过。我可以做证，不管用的做法会给双方带来更多痛苦，永远不会得出令人满意的解决方案，只会造成亲子隔阂加深，使双方产生警惕感或不信任感，有时还会留下久久难以愈合的情感伤痕。即便我运用从教人有效沟通的书里找到的技巧和工具，最终我还是对自己或孩子感到失望（接下来我会解释为什么）。

有时候，仿佛奇迹出现一般，我恰巧采用了管用的做法，体会到了发自内心的平静，与儿女有了更紧密的联系，深深赞赏他们的本质。至于问题或冲突的起源呢？它通常会消失不见，仿佛它出现的真正目的是引导我们成长。正如心理学家卡尔·荣格（Carl Jung）所说，我们不是解决问题，而是通过成长将问题抛在身后。[1]

管用的沟通方式比我们惯用的标准沟通方式困难得多——显然是这样的，否则我们会更常采用前者。但人类的基本天性就是如此，争论、发怒、指责、批判、威胁、下通牒，要比诚实、负责、愿意认错容易做到得多。在跟自己的孩子打交道，尤其是跟青少年

---

[1] "我们与其说是解决问题，不如说是通过成长将它们抛在身后。我们提升能力，增加经验，最终使自己比问题更强大。"

打交道时，情况更是如此。但我认为，之所以有那么多父母跟青少年子女处不来，是因为我们在孩子小的时候滥用了权力。我们安全地待在自己的安全、控制、防卫与操纵区里，深知孩子事事都要依赖我们，每当孩子试探父母权威的边界时，我们就把自身意志强加给他们，无论那么做会多打击孩子的信心，或是导致他们多怨恨我们。

反之，如果我们采用更平等的沟通方式，给孩子留出成长的空间，让他们逐渐形成内在权威和自我导向意识，他们就能以健康的方式试探我们的权威。我们可以**用自己的行为给孩子树立榜样**，一步一步地教给孩子"百分之三百"原则——百分之百的诚实，百分之百的负责，百分之百愿意承认错误并接纳自己的错误。假如能回到过去，让一切重来，我们会改变哪些做法？

好吧，首先要明确你希望遵循的沟通原则，然后意识到将那些健康原则融入自身行为可能会遇到的阻碍。但在此之前，我要问你一个问题：你与孩子的沟通方式是否有效且令人满意？如果答案是否定的，那么我要接着问：是不是以下某一点影响了你与孩子的沟通？

- **坚持己见；**
- **你试图掌握对孩子的支配权；**
- **你为自己的行为辩解，同时谴责孩子的行为；**

- **你试图用某些东西操纵孩子，例如威胁、惩罚、收买或讨价还价；**
- **你试图让孩子感激你为他们做的一切；**
- **你试图确保自己能得偿所愿，无论孩子感受如何；**
- **你所做的努力都是为了让问题消失。**

上述倾向都会影响沟通结果，影响之大远远超过你说的话。这些倾向存在于你的语气和肢体语言之中，从你幼年时期就已形成，好让你远离不适或痛苦。因此，如果你的首要任务是保护自己免受不适感的影响，那么你就会在育儿过程中犯下大错。育儿体验通常都会令人感到不适，孩子则是不适感的优良导体。有时候我觉得，我的儿女自带特殊工具，就是为了让我经常感到焦虑、不耐烦、沮丧、悲伤和愤怒。

随着时间的推移，我逐渐意识到，每当孩子做了惹恼我的事时，我就需要做出选择：是接纳并获得成长，还是抗拒并原地踏步。他们不断向我发起挑战，让我暴露局限，促使我做出艰难的决定：是不断成长，还是继续表现得像个孩子。他们之所以会这样，只不过是因为经历了孩子的自然发展阶段。对我来说，问题在于，尽管这些发展阶段有据可查且能够预测，但每个孩子**如何**经历每个阶段，却是独一无二、无法预测的。

育儿原则：

如果你不愿意迈向情绪成长，为人父母的日子就会很难过。

假如你发现目前的沟通方式毫无效果，想要采取更明智、更有效的做法，不妨随我们来看一看可能阻碍你前进的因素。我们还将探讨如何化解或改变这些因素，为更可取的方法让道。为了做到这一点，我们将深入研究安全、控制、防卫与操纵区。

第三章

怒龙现身

✳

请记住，安全、控制、防卫与操纵区的主要目的是：确保你在试图满足自身需求和欲望的同时，不用体会到痛苦或不适。当你采取的行为源于安全、控制、防卫与操纵区时，你就是在试图避免感受到心碎、失落、羞耻、内疚、恐惧，同时试图体会到幸福、满足、热忱、乐观。最关键的一点是，你想体会到重要性和归属感。你所有的行为都是为了达成以下目标：或是感觉良好，或是避免感觉糟糕。这就是安全、控制、防卫与操纵区产生的原因。因此，你要理解，这一区域既有积极的方面，也有消极的方面——首先就是"愤怒"。

例如，在孩提时期，你渐渐觉察到自己有多脆弱，多容易受伤害，你的身体是多么虚弱，内心是多么恐惧。所有这些认知都强化了你的观念：自己**弱小又无力**。由于你的大部分思维过程是无意识的，在很大程度上是出于本能的，你会不由自主地觉得，自己需要变得更强大。于是，愤怒这条"恶龙"现身了！除了在感到受伤、无能、害怕的时候伤心哭泣，你有了另一个选择——发怒。事实上，愤怒是用来弥补你认为自己缺乏的力量。你发现，跟畏缩哭泣比起来，你在发怒的时候不那么害怕，不觉得受伤，似乎还能做出更有力的回应。

有了愤怒，你就能抛开所谓"糟糕的感受"——软弱、痛苦、恐惧、不安。愤怒为你提供了一件唾手可得的工具，用于抗拒你不喜欢或不想要的东西。如果你想吃冰淇淋，父母却断然拒绝，你不用坐在原地暗自伤心，觉得父母不关心自己，而可以尖叫、跺脚、在地上打滚，说什么都要吃冰淇淋！有时候，父母可能会让步，拿出冰淇淋给你吃。于是，你发现了愤怒的另一个用途：迫使别人给你想要的东西。当然，这么做对成年人不一定奏效，但是对同龄的孩子嘛……只要最后能侥幸逃脱惩罚，"怒龙"就能让你成为附近一霸。

关键在于，你从儿时起就一直在运用愤怒。它的主要目的是让你获得对自身脆弱感的支配权，能够压抑突然浮现的不适感；它的次要目的是推开你认为威胁到自己幸福的人或问题，进而保证自己的安全。有多少次，只因为孩子做了让你不高兴或不舒服的事，你就对他们大发雷霆？又有多少次，你试图运用愤怒阻止孩子继续那么做？可见，愤怒是安全、控制、防卫与操纵区的基石。

据推测，许多童年旧伤一直埋藏在潜意识中，始终未能愈合[1]。显然，这些痛苦的旧伤与你相信自己存在局限和对父母的怨恨有关，而其中大多数最深切的痛苦都与父母有关。每当这些童年旧伤浮现出来时，它们都会大声疾呼，想要得到治愈，希望与之相连的信念能得到转化或消解。然而，这种情况根本没机会发生，因为你的愤怒会被自动触发，将旧伤推回潜意识的地下室。无论是谁触发了那些痛苦，你都会冲那个人发火，确保他以后再也不会这么做。

不幸的是，你的孩子并没有事先得到提醒。如果这套"童年潜意识痛苦"的理论确凿无误，孩子就会反复触发你的痛苦，为旧伤愈合提供机会。但反过来，你的愤怒反应也会被自动触发。你会无意识地惩罚孩子，或是让孩子因让你感到不舒服而觉得愧疚。

事实上，孩子是在给你提供机会，让你面对自己的脆弱。为什么直面自己的脆弱很重要？你如果看一看前面提到的圆圈模型，就会发现"面子"包围并涵盖了安全、控制、防卫与操纵区，而安全、控制、防卫与操纵区涵盖了你的脆弱，你的脆弱则包围并涵盖了你的本质。因此，你越接近自己的脆弱，而不试图压抑它，就会越接近自己的本质！而越是接近自己的本质，你就越容易运用自己奇妙

---

[1] 我描述了童年正常的依赖需求。如果这些需求没有得到满足，我们往往会带着受伤的内心孩童长到成年。如果童年需求得到了满足，我们就不会长成"成年儿童"。

的天赋。

你的本质不仅仅包含天赋和才华，还包含智慧、同情、善解人意等基本天性，以及其他许许多多美好特质。你的本质充满了这些美好品质，你却往往觉察不到，因为你的注意力被复杂的安全、控制、防卫与操纵区引导着，而你最初设计（当然是无意识地）这个区域却是为了自保。你越是用肉体、环境、文化和人际交往经验来定义自己，就越会与自己的基本天性脱节。当然，很少有人能完全脱离自己的本质。你在发挥创意、灵感或深刻洞察力时，或是运用智慧处理涉及孩子或亲密伴侣的危机时，你的本质就会巧妙地展现出来。你面临的挑战是，要时刻觉察到自己的本质，然后由此出发，与孩子沟通。在育儿过程中，有两类糟糕的体验向你预示着这么做的机会来了：第一类是焦虑，第二类是恼火。我们都很清楚，孩子有多擅长触发这两类感受。

我想举个例子具体说明一下。例子中的情形可能导致你与孩子陷入斗争之中，也可能引出突破性的协作沟通。

阿英路过十四岁儿子泰福的卧室，发现他没在学习，而是在埋头玩网络游戏，而阿英一个小时前就叫儿子别再玩游戏了。她十分**恼火**，也很**失望**，因为儿子没有她期望的那么聪明勤奋。她叫儿子赶紧去学习。

对于妈妈下的命令，泰福的回答是，游戏马上就要打通关了。

阿英反唇相讥，说他四十五分钟前就说过同样的话。她伸手去拿儿子的平板电脑，说："赶紧收好，快去学习！"此时此刻，她已经很**不耐烦**了。泰福夺过平板电脑，放到妈妈够不着的地方，说再玩一分钟就好。

"那就再玩一分钟！"阿英**沮丧**地说，"我会盯着时间的！"

阿英走去厨房喝茶，开始浏览手机信息，不知不觉十分钟过去了。她回到儿子的房间，发现他竟然还在玩游戏！现在，她已经非常**愤怒**了。

她抓起平板电脑，既懊恼又沮丧，扇了泰福的后脑勺一巴掌，骂他又懒又蠢。她**批判**了儿子，却根本没有意识到这一点，一场争执随之爆发。在争执过程中，阿英**威胁**说要狠狠惩罚儿子，以后都不许他用平板电脑。泰福说自己上学要用到平板电脑，但阿英实在太生气了，完全听不进去。她把儿子拽进了**权力斗争**，叫他去做作业，否则就等着瞧。泰福拒绝配合，除非妈妈先把平板电脑还给他。阿英大吼起来，说她已经受够了，要把儿子送去不许玩游戏的寄宿学校。对此，泰福也下了**最后通牒**：要是妈妈这么做，他就离家出走。

阿英又扇了儿子一巴掌，然后拿着平板电脑离开了房间，想找锤子把这玩意砸个稀巴烂。在这个过程中，她使母子关系产生了**裂痕**。

泰福瘫坐在椅子上，对妈妈心怀怨恨，决定不但不做作业，还要故意在学校里挂科，好让妈妈公开蒙羞。这么一来，他就强化了母子之间的隔阂。

最后，泰福开始三心二意地学习，边学边给朋友们发短信，抱怨他妈妈有多刻薄。这进一步强化了母子之间的隔阂。

与此同时，阿英坐在厨房里喝茶，心不在焉地盯着那台该死的平板电脑，脑子里乱糟糟的。她想弄清儿子到底有什么毛病，又试图想办法把儿子改造成自己期望的那种乖孩子。这再次强化了隔阂。她知道怎么做对儿子最好——可为什么儿子就是不听话呢？

第二天早上，阿英和泰福小心翼翼地保持着礼貌的距离。两人静静地吃完早餐，各自出门。阿英去上班，泰福去上学。这同样再次强化了隔阂。

当天晚饭后，阿英走进泰福的房间，告诉他写完作业以后就能拿回平板电脑。她试图和解。家里的气氛似乎和谐了一些，母子之间的互动也恢复了正常，虽说问题并没有真正得到解决。这么做的结果是双方谨慎地休战了。

几天后，阿英路过儿子的房间，看到他又在用平板电脑玩游戏，于是上述循环再度开启，双方的愤怒和怨恨都上了一个台阶，发出的威胁和最后通牒也更狠了，母子关系的裂痕不断扩大。这是许多教养案例中常见的情况。

失望

愤怒　　　　　　　　　　　　不耐烦

批判　　　　　　　　　　　　沮丧

威胁　　　　　　　　　　　　恼火

权力斗争　　　"抗拒"循环示意图　　　谨慎地休战

最后通牒　　　　　　　　　　强化隔阂

裂痕

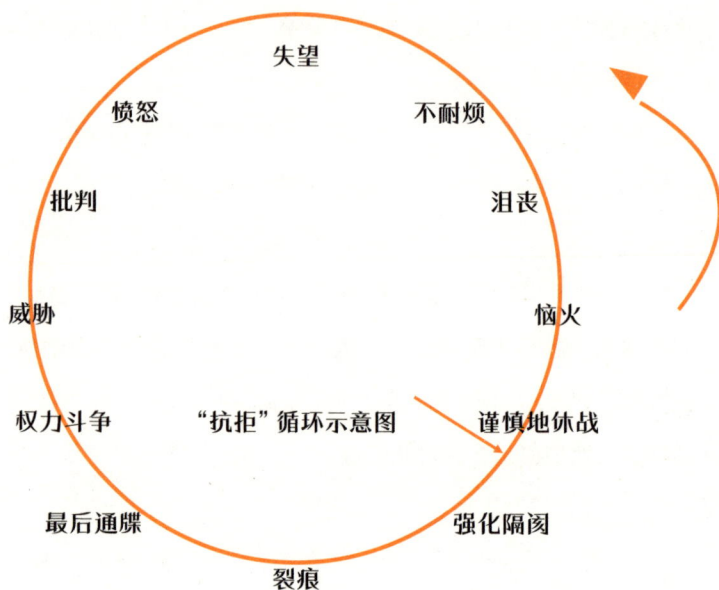

● 可能出现的行为包括休战、妥协、被迫服从、拒绝进一步沟通、报复，这一切都会维持或扩大亲子之间的隔阂，同时强化双方在安全、控制、防卫与操纵区里的立场。

许多父母和孩子会在"谨慎地休战"这把保护伞下生活几天、几周甚至几年，而从未真正解决亲子之间的冲突，也从未体验到和谐与满足。然而，使我免于走上这条路的是一段清晰的回忆。当时我才八岁，周日下午跟父母一起坐在客厅里。我的五个兄弟姐妹都待在自己房间里，家里没有一个人说话。大家沉默的原因是我父母在冷战，拒绝和彼此说话。我们家有个规矩：要是爸爸或妈妈不开心，家里任何人都不能说话。根据我的回忆，爸爸妈妈经常不开心，所以可能连续好几天全家人都毫无沟通。

对我来说，那段回忆的重要意义在于，我意识到这种情形是多么熟悉——弥漫在空气中的沉默紧张氛围，以及自己内心的焦虑。我儿时常常发生这种事，以至于我相信生活就该是这样的，类似情形在世界各地都在上演。事实上，我的想法是对的，至少在某种程度上是对的。我父母之间的冲突从未得到解决，他们只是等待时过境迁。与此同时，兄弟姐妹之间则不许发生冲突，我们经常因为争吵受到训斥或惩罚。不开心是不可容忍的，更不可能被接受。我们经常被告知，如果我们不开心，就该躲开别让父母看见；如果我们开心，那就自己默默地开心去，不要打扰到别人。

这就是我在解决冲突、人际沟通、自我表达等方面受到的教育。也就是说，我基本上没有受过相关教育。从父母、兄弟姐妹和朋友身上，我并没有学到该怎么做。无论是父母与子女、丈夫与妻子、兄弟与姐妹，还是朋友之间，我都没有见过健康沟通的榜样。

由于缺少学习榜样和敞开心扉的交流，我感到孤立无助，遇到问题时无法表达担忧或困扰。我不但不该暴露自己脆弱的一面，甚至不该存在脆弱的一面（除非受了重伤或得了重病）！我周围的每个人似乎随时随地都活在安全、控制、防卫与操纵区里，所有错误、脆弱和不安都被驱逐出境，所有表现出这些的人也会被驱逐出去，直到他们能表现得无懈可击。几乎所有人际沟通都是在此基础上进行的。你能想象得出，在这种家庭和社会环境中长大的孩子有多大压力吗？大概不难想象吧！毕竟，你可能也是在类似的安全、控制、防卫与操纵区禁令与规范下长大的。

我经历过太多类似的周日（还有工作日）午后，体会过令人窒息的沉默和谨慎的休战，因此只想给自己的孩子提供和谐的成长环境。但怎么才能做到？我没有学习的榜样，当时也很少有书籍能满足我的特定需求，而我认识的几位个人成长导师也在为自己的孩子头疼。后来有一天，我恍然大悟：我遇到的所有父母有一个共同点，那就是我们都有一条儿时形成的恶龙——愤怒。只要出现让我们感到不适的情形，那条怒龙就会跳出来保护我们，控制环境，操纵他人，尤其是我们的孩子。

育儿原则：

如果你不驯服你的怒龙，怒火就可能毁掉你的家庭。

身为亲密关系咨询师，我很容易看出来访者存在的问题：在亲密关系中与人沟通的时候，他们常常被内心的愤怒所支配。愤怒会将他们的脆弱压抑下去，使他们觉察不到，而我会给他们指出这一点。我还记得我的朋友、心理学家查克·斯佩扎诺（Chuck Spezzano）说过，当我们生气的时候，只有百分之二的情绪与当下

发生的事有关，百分之九十八都是旧时的愤怒，是我们对潜意识中的旧伤做出的反应。我不知道上述数据是否准确，但这句话蕴含着深邃的智慧。而我在跟自己的孩子互动时，常常会忽略这一点。

事实很简单：当你依照情绪做出反应时，愤怒其实是不管用的。它无法解决任何问题，既不会换来对方的支持，也不会激励双方达成共识。愤怒只会把孩子变成你的对手，导致孩子退回自己的安全、控制、防卫与操纵区。如果你在意自身行为对孩子造成的影响，怒气消退后你可能会感觉糟糕透顶。

因此，我意识到，首先必须谨慎应对的是自己的愤怒。当孩子的行为让我感到不适时，我很容易被惹恼，还经常把"做出改变"的重担强加给孩子。毕竟，我是家长，是成年人，为什么我要审视自己的反应？大发雷霆并恐吓两个依赖父母的弱小孩童，让他们付出所有努力，对我来说要轻松得多。

然而，利用体形优势和权威地位逼迫孩子听话，让我感觉自己像个恶霸。事后回顾自己的做法时，我觉得自己是世界上最糟糕的父亲。你如果翻前面，就会看见我写过：当孩子"做了让我不舒服的事"时，我就会大发雷霆。我没有说他们不守规矩或"干坏事"，因为很多时候他们只是表现得像个小孩——脾气暴躁、心不在焉、粗心大意、疲惫不堪、受挫气馁……你懂的，小孩嘛！

我记得有一次，我不得不送孩子去上跆拳道课。我告诉他们，必须在五分钟内出发。孟明已经在穿跆拳道服了，孟禅则坐在餐桌前痴迷地盯着书本。两分钟后，我叫孟禅去换衣服。他站起来，边看书边上楼，回了他的房间。又过了三分钟，我大喊："孟禅！快来，快来！我们要走了！"他答道："好！"又过了两分钟，我上楼去，发现他躺在床上看书，还没换上跆拳道服！起初，我简直难以置信，一句话也说不出来，随后，我跳过失望、不耐烦和沮丧，直接快进到愤怒。

我可以继续说下去，但你完全能猜到事情后来的发展，我还是不要浪费时间了。我只是想以此为例，说明父母会把孩子的举动解释为不守规矩，或者他们是"坏孩子""不听话的小浑蛋"，但事实上，你的孩子只是表现得像个小孩。是我们这些做父母的逼着孩子按日程表行事，必须在特定时间出现在特定地点，而孩子并不是生来就会按日程表行事的。在孟禅看来，准时去上跆拳道课远不如他全神贯注读着的那个有趣故事重要。但这并不是不听话或不守规矩，而是一个聪明的男孩在专心读书！从童年时期到青春期，他经常会这么做。无论我怎么大吼、威胁或下最后通牒，都改变不了他的天性。

我的女儿也能证明这一点。他们都拥有自己独特的天性。身为家长，我必须学会配合他们的天性，逐渐向他们介绍人生不同阶段需要承担的责任。我太太素梅更擅长这么做，不让愤怒支配自己的行为，同时赢得孩子的配合，让孩子服从她的管教。这就引出了我想说的另一个要点："管教"的英文单词 discipline 源自拉丁文 *discipina*，本义为"知识或给予的指导"，[1] 但数百年来，它的词义逐渐发生了演变，变成了"惩罚是学习的重要组成部分"；而"弟子"（disciple）这个词如今还包含"为了学习而跟随某人的人"的意思。[2]

无论你喜不喜欢，你的孩子在一段时期内都会扮演你的"弟子"。他们会观察你做的每件事，相信你在用智慧教导他们，而且这么做是出于对他们的爱，是为他们的福祉着想。我不得不面对这样一个事实：如果想给孩子打下坚实的基础，帮助他们充满智慧地生活，我就必须树立比现在更好的榜样，而不能受"愤怒"这条恶龙的控制。

---

[1] 根据《牛津英语词典》（Oxford English Dictionary），"管教"（discipline）一词直接源于拉丁语 *discipina*，意为"给予的指导、教导、学问、知识"。
[2] 根据《韦氏大词典》（Webster's Dictionary），"弟子"（disciple）意为追随者或学生。源自拉丁语 *disciplus*，意为"学习者"。

CHAPTER 4

第四章

完美的父母，
完美的孩子

亲密关系：亲子关系的重建

✳

在为人父母的过程中，你经常体会到下列哪些情绪？

- 愤怒；
- 焦虑；
- 疲惫；
- 痛苦；
- 受挫。

如果你经常体会到上述一种或多种情绪，那你就是最典型的父母。这些年来，你注意到孩子有哪些特质？

- 不够自律；
- 缺乏上进心；
- 不善社交；
- 不听话；
- 叛逆；

- **更爱玩游戏，而不是好好学习。**

如果你注意到了上述一种或多种倾向，你的孩子就是最典型的儿女。只要看一看市面上有多少教养指南，就很能说明问题了。如果父母与孩子不是很难搞好关系，为什么会有那么多相关书籍？尽管表面上那些书关注的是某些反复出现的问题，但其实其中很多讨论的都是同一个问题：怎么才能让孩子变成我们想要的样子？

有些父母希望子女学业有成、擅长社交、充满自信、有领导风范，同时恰好比其他孩子都要优秀；有些父母则希望孩子拥有强大的商业头脑，同时也是勇敢的开拓者；有些父母想要全新的、改进版的自己；有些父母则希望孩子避开自己犯过的错误。也许你希望孩子是个小小勇士，或是人见人爱。对孩子的希望和梦想，正是我们这些父母行为和态度背后的强大驱动力，其中既有积极的一面，也有消极的一面。从积极方面来看，对孩子的希望和梦想会引导我们支持并鼓励孩子；从消极方面来看，它们会把我们变成严格的任务执行者、批判者和霸道的多虑者。

亲子之间的许多冲突和不愉快，都源于你对孩子行为与成就的看法，以及这些看法与你心中理想之间的矛盾。请想象一下，你大脑里有个地方，专门用来描述你希望孩子将来成为什么样的人。请记住，当构想出那幅画面的时候，你并没有问过孩子的想法，也没有征求过他们的意见。或许在你刚刚受孕的时候，甚至在那之前，你就在脑海中创造出了那幅理想画面。你自以为知道怎么做对孩子最好，并以相应的方式对待他们，引导他们走向你设想的未来。

但关键在于，那幅理想画面是在安全、控制、防卫与操纵区里创造出来的。它并非源自你本质的智慧、机智和清醒的头脑，而是源于那个缺乏智慧、同情和理解的区域。

每当孩子没有按照你设定的严格标准行事时，你就会认为孩子不守规矩，他们的做法不符合你的理想。每当孩子没有达到你为他们设定的目标时，你就会认为他们是失败者，或者说失败了。许多人际冲突和亲子冲突，都源于父母认为孩子的表现不尽如人意。在这种情况下，父母根本不会根据孩子的能力和所处的人生阶段，判断怎么做才是对孩子最好的。他们唯一的判断根据是自己的期望，以及是否认为孩子是失败者。然而，父母有没有考虑过，自己的期望和关于"理想子女"的画面来自何方？他们有没有考虑过，眼前的问题并不是孩子的错，而是不明智的期望造成的负面影响？

在这里，我想强调一点：我只想讨论父母对孩子的不明智的期望，因为这些期望造成了亲子关系中的压力、焦虑、烦躁、不愉快与不和谐。因此，让我们举几个例子，说明不明智的期望如何给父母的行为蒙上阴影，对父母和孩子都造成不利影响——当然，主要是对父母。

妈妈阿明希望五岁的儿子阿斌凡事都做到完美。他必须举止得体、彬彬有礼、惹人喜爱、魅力十足、聪明强壮，还拥有其他一系列优良品质。妈妈的目标是让阿斌成为某类成功人士，可以是医生、工程师、科学家，也可以是广受欢迎的公众人物。她把阿斌送进了最好的学校，还根据老师的建议请了课外辅导。但如果有人问阿斌对这一切是怎么看的，就会发现他满脑子只想着玩和吃甜食。他还会告诉你，他不想做家庭作业。不幸的是，对阿斌来说，他想要什么并不重要，因为妈妈"知道什么对他最好"。[1]

因此，每当阿斌不肯做家庭作业、上音乐课或接受课外辅导时，阿明就会感到恼火，对"坏儿子"做出情绪反应。她的压力水平会上升到不健康的程度，整个身体也会变得更加紧绷。她会从失望、焦虑走向不耐烦、沮丧，最终化为愤怒。当然，她一开始可能会压抑自己的情绪，试图通过说服、哄劝、胁迫、劝诱或诓骗阿斌，使他配合或服从（有些父母并不知道"服从"与"配合"之间的区别）。但阿斌有时候很固执，所以被视为"坏孩子"。最终，阿明会采取强制措施，逼迫儿子听话。在惩罚的威胁之下，五岁的孩子屈服了，家里恢复了和平。

但这并不是真正的和平。阿明只是由于压力减轻而感到释然，阿斌则心怀某种程度的怨恨。如果阿明审视自己的内心，就会注意

---

[1] 如果阿斌稍做研究，就能向父母展示，在户外玩耍和跟其他孩子交往，对儿童的大脑、身体和社交技能发展非常重要。

到萦绕不去的愧疚感。那种愧疚感导致她怨恨儿子，因为是儿子先惹恼她的。她无意识地做出了决定，认为最好别去关注那些感受，装作一切都好。如果愧疚感增加，她就会告诉自己，发怒是不愉快的事，甚至有点可悲，但这么做确实是为了阿斌好，有朝一日儿子会感谢她的严格要求。

育儿原则：

父母如果不反省，不诚实地面对自我，就很少能从自己的错误中吸取教训，更不可能做出适当的航线修正。

但是，为什么阿明最初会那么恼火？是因为儿子不听话？是因为他不认真做家庭作业，所以会在人生中惨遭失败？还是因为他太叛逆？都不是。阿明之所以恼火，是因为儿子没有达到她心目中"完美儿子"的标准，没有达到妈妈对他的至高期望。虽然他只有五岁，但那又怎么样？父母必须尽早管教孩子，像老鹰一样紧紧盯着他们。听话！听话才是关键！别在意不明智的期望会给你和孩子带来不必要的压力。压力是好事！压力是有必要的，能无情地促使孩子朝着你为他们设定的目标前进！世间竞争如此激烈，只有严加管教，以惩罚作为威胁，不断鞭策孩子，孩子才有可能出人头地！

我知道，上面几句话里有很多标色字，还有很多叹号，但其实我想表达的是，只要完美主义的期望在父母心中扎根，就会给孩子和父母带来不健康的压力。完美主义期望带来的过高情绪压力，会对父母和孩子的心理、情绪和身体健康产生负面影响。最可悲的一点是，完美主义期望其实根本没有必要。

相对于盲目的完美主义期望，考虑到孩子的成长阶段、基本天性和性格的健康期望，更能为孩子提供支持，营造健康的压力，并为他们注入活力，让他们充满期待甚至兴奋地向前迈进。

说回阿明和她儿子，阿明的完美主义期望也导致了其他不健康的态度和行为，包括：

● 比较

阿明看着其他孩子，认为他们比自己的儿子优秀，进而得出结论：他们的妈妈比自己优秀。简而言之，比较会造成不健康的压力。

● 批评

看着阿斌的时候，阿明会无意识地挑他的毛病。人们常常会滋生这种心态，以致低估了自己孩子的天赋和才华，只关注孩子需要改进的地方。阿明可能从未大声说出这些批评，但正如我之前提到的，批评会通过她的肢体语言、面部表情和辅助语言表达出来，阿斌则会注意到并受到影响。简而言之，批评会造成不健康的压力。

● 失望

所有不明智的期望迟早都会遭遇失望，只因为完美理想是不可能实现的。那些在你看来合情合理，但就你孩子的性格而言并不现实的期望，最终只会让你陷入绝望。简而言之，失望会造成不健康的压力。

● 怨恨

没有父母愿意怨恨自己的孩子，但正如前面提到的，当某人没有满足你的期望时，怨恨会不可避免地浮现出来。那些期望通常被认作希望和梦想。如果阿斌通过自己的作为或不作为，粉碎了妈妈的希望和梦想，妈妈的安全、控制、防卫与操纵区就可能导致她以敌对的眼光看待儿子。她可能会认为儿子在故意伤害她，而这可能会引发怨恨。简而言之，敌对态度和怨恨都会造成不健康的压力。

● 受挫

期望不但会给孩子造成压力，还会传递这样的讯息：他们应该达到根本无法企及的理想状态。看到你过高的期望或失望的神情时，孩子体会到的不适感可能会令他们深深受挫。这种受挫感有时会导致孩子从你身上寻求正向关注，但也可能导致权力斗争、报复行为或自暴自弃。简而言之，不明智的期望最终会使孩子受挫，而挫败感可能造成危害。

在审视了不明智期望造成的不健康结果后，你认为下面哪个问题更严重：是阿斌表现得像宁可玩耍也不愿做作业的五岁小孩，还是阿明为自己和儿子营造了压力巨大的环境？

我在自己的生活中获得了惨痛的领悟。我不得不承认，我对孩子行为的期望和情绪反应，通常要比他们做的事严重得多。试图改变孩子或"纠正"他们的毛病，要比直面自己的错误态度和行为容易得多。我可以安全地待在自己的安全、控制、防卫与操纵区里，坚持让孩子做出所有必要的调整。我站在自己的立场上，给孩子灌输一箩筐的建议，回忆自己在他们这个年纪时有多擅长处理问题，利用自己身为"无懈可击的权威"的地位来操纵孩子。毕竟，孩子没有达到我的期望，这是他们的错；我的期望是合理的，是为了他们好。

我是说，请试想一下：如果孩子对我言听计从，达到了我的期望，就会在某个受人尊重的行业里取得巨大成功。他们会变得富有、受人爱戴、受人敬仰，还会魅力十足、充满自信、身体健康，而且永远幸福。因此，我的期望显然没有错，这意味着问题一定出在孩子身上，是他们不愿成为本该成为的那种人。你如果也抱有类似的期望，可能会像我一样意识到，自己为人父母的日子相当难熬。你必须持续监督孩子的进展，每当孩子似乎偏离了你给他们设定的目标时，你就会心烦意乱；每当他们遇到问题或挫折时，你就会担忧不已。因为，如果孩子没能成为你期望他们成为的成功人士，你知道这意味着什么吗？这意味着你作为父母很失败！

那么，这些期望真的是为了孩子好吗？还是为了满足你自己的某些需求？根据个人经验，我对孩子的期望源于我的个人需求，是为了证明我是个伟大的人。而要成为伟大的人，我就必须做得比认识的其他人都要好。我必须做得比我父亲好，比我的兄弟姐妹好，比我的朋友和同事都要好。我的伟大必须体现在生活中的方方面面，从职业到婚姻再到经济状况。令我沮丧的是，我从未达到对自己的期望。我从来没有看着镜子里的自己，认为自己是最伟大的丈夫、咨询师、工作坊导师或作家。我从未变得如我想要的那般富有，也从未从家人朋友身上获得我认为应得的认可。我的最后一线希望，就是通过孩子实现自己的梦想——至少我有机会通过孩子取得的成就来体验伟大。

我发现太太素梅有孕在身后，就开始形成对孩子的期望。我收集了所有能找到的育儿指南，书中涵盖方方面面的育儿知识，从如何为孩子的到来做准备，到什么样的教育才能让孩子攀上学术巅峰。那些书告诉我，从孩子刚出生的时候，到他长到六个月、一岁、两岁、三岁的时候，我可能会遇到哪些问题……那些书还告诉我，该如何引导他度过每个阶段。

我必须承认，儿子出生后的头几年对我来说颇有挑战性。他每次发生小小的碰撞或擦伤，我都会担忧不已。当他没有跟上我为他设定的成长时间表时，我就变得很不耐烦。儿子除了早早学会走路给了我惊喜，他的说话能力、进食和排泄习惯乃至身体发育，都远远落后于我为他设定的时间表。要是他哭得太厉害（肠绞痛？）或是盯着东西看太久（自闭症？），我就会忧心忡忡；我还担心他会不会过于暴躁（多动症？）或过于沉静（抑郁症？）。这些担忧和警惕让我筋疲力尽。后来，我女儿在出生头几周差点夭折，更让我严重怀疑自己是否适合为人父母。

不过，我继续努力，继续阅读书籍，试图引导孩子走上我期望的道路。当儿子大约三岁半，女儿大约两岁的时候，我经历了第二次为人父母的觉醒。我的第一次觉醒发生在医院里，当时我女儿侥幸逃脱了死神的魔掌。看着躺在保温箱里的女儿，我突然有所领悟。我根本没有想过，自己能同时体验到如此深刻的爱与痛苦。我的内心发生了极为玄妙的转变，那种转变其实只持续了几分钟，但我感觉像是永恒。我突然大彻大悟，超脱了个人的想法与恐惧。

我的第二次为人父母的觉醒似乎比第一次更接近常人的感受，而没有那么超脱凡俗。我突然意识到，孩子的命运并不由我掌握。我可以影响他们的人生，但肯定无法掌控他们的人生。我觉察到，世间万物都是由某个井井有条、充满智慧的存在精心设计的。它并不愚蠢，不会把我孩子的命运交到我手中。我回想自己的父母，意识到我在十六岁时就已不再是他们的儿子。像所有青少年一样，我一只脚还踩在家里，另一只脚则迈向了外面的世界。我会成为什么样的人，完全超出了父母的控制；我会长成什么样的大人，更是他们无法想象的。我最终从事的职业在我小时候甚至不存在，所以父亲根本不可能为我设计教育路线或人生体验，让我为日后的职业生涯（工作坊导师和亲密关系咨询师）做好准备。

　　为了描述我第二次为人父母的觉醒，我想引用黎巴嫩诗人哈利勒·纪伯伦（Khalil Gibran）的一句话。他说过，孩子经我们而生，却从不属于我们。父母是"弓"，孩子则是"弦上射出的生命之箭"。这就让父母陷入了两难处境：如果说我无法控制孩子最终会成为什么样的人，或是变成什么样子，我又怎么能正确引导他们呢？根据直觉得出的答案是，我必须由内而外地培养他们。而在此之前，我主要是根据"是否符合我的期望"来评估孩子的行为和态度，进而做出相应的反应。这也是我给"由内而外的育儿方式"下的定义。

　　觉醒之后，我开始慢慢（有时慢得令人痛苦）消除自己对孩子"应该是什么样"的期望，弄清他们的基本天性会将他们引向何处。

　　前文已经概括了父母不明智的期望为什么会存在，以及它们如何阻碍你和孩子的关系，但让我们再迅速回顾一遍。

- 不明智的期望会给亲子双方都造成不健康的压力。
- 它们总是会导致父母对孩子感到失望，甚至可能对孩子产生怨恨。
- 它们会带给孩子不该有的压力，使孩子感到受挫。
- 它们会引起父母的情绪反应，包括焦虑、不耐烦、受挫和愤怒，这些情绪既没有好处，也派不上用场。
- 它们是没必要的，甚至毫无用处。
- 许多父母试图让孩子实现自己过高的期望，以此证明自己是伟大的父母，他们试图通过孩子的成功来证明自己的价值和重要性。但这是一把双刃剑：如果孩子成功了，他们就会相信自己很成功；但如果孩子不成功，他们就会觉得自己很失败。但这两种信念都没有反映真相。

● 不明智的期望只与"你认为孩子应该怎么样"有关。它们会蒙蔽你的双眼，使你看不见孩子的天赋、才华与特质，看不见孩子的基本天性会将他们引向何处。

我想用几句简单的话结束本章：你怎么才能成为完美的父母？你已经是了！你正是孩子需要的那种父母，哪怕你存在许多局限、弱点和疑虑。为什么？因为你也迸发出了自己的美好天赋、才华与特质。情况会越变越好的。因为随着你充分发挥基本天性，你会自然而然成为充满爱意、智慧、善解人意的榜样，孩子也会愿意向你学习。

第五章

由内而外的
育儿方式

※

　　请想象一下如下场景：爸爸妈妈和七岁的儿子坐在餐桌旁，孩子面前摆着一杯果汁。男孩不小心打翻了杯子，果汁迅速漫过桌面，弄脏了妈妈崭新的长裤套装。妈妈刚刚试穿这套衣服，打算第二天穿去上班。爸爸妈妈都对粗心大意的孩子大发雷霆，大声训斥他。孩子则瞪大了眼睛，为父母的反应感到震惊。妈妈去拿抹布擦果汁的时候，爸爸接着骂儿子是个笨手笨脚的白痴，直到泪水从男孩颊边滑落，这让爸爸更加怒不可遏。男孩还没吃完晚饭，爸爸就让他回房闭门思过。

　　现在，再想象一下如下场景：爸爸妈妈和七岁的儿子坐在餐桌旁，孩子面前摆着一杯果汁。男孩不小心打翻了杯子，果汁迅速漫过桌面，弄脏了妈妈崭新的长裤套装。妈妈从座位上蹦起来，迅速拿起一块抹布擦拭裤子，同时把另一块抹布扔给儿子，让他擦掉桌上的果汁。男孩擦桌子的时候，爸爸微笑着对他说："哇！真是料想不到啊！"妈妈回到餐桌旁，正好赶上男孩收拾完残局，把抹布扔进水槽。晚餐继续进行，爸爸妈妈开始讨论她明天可以穿哪套衣服去上班。

　　很容易看出，上述两个场景的关键区别在于父母的反应。在第一个场景中，父母把儿子看成坏孩子。面对儿子犯的错，他们的反应是愤怒、批评和施以惩罚；而在第二个场景中，他们的儿子只是犯了个错，父母帮他纠正了过来。在前一个场景中，原本快乐的晚餐体验惨遭破坏，而在后一个场景中，全家人共享快乐晚餐。

　　那么问题来了：儿子的做法完全相同，是什么让父母做出了截然不同的反应？显而易见的答案是：父母的感受有所不同。这种情况在亲子关系中时有发生。孩子的行为可能在今天会引起激烈反应，到明天引起的反应则不那么激烈。有时候，父母甚至会毫无反应，哪怕孩子的行为完全一致。有时候，我的孩子拒绝为上学做准备，我会极其恼火且不耐烦；但有些时候，我则会保持平和，平静地与他们互动，逐渐引导他们为上学做好准备。我想强调的是，在上述两种情况下，我的孩子最终都去了学校。孩子的行为几乎完全相同，我的反应却处于两个极端，这导致在上学路上，一种情况下充满怒气和争吵，另一种情况下则充满快乐的闲聊。

　　几乎每位家长都会告诉你，孩子是惹父母发火的高手。如果说白天的工作让你无比煎熬，晚上回家后孩子则会让你更难熬。如果你渴望好好休息，孩子则有办法逼你忙个不停。如果你希望他们在学校里好好表现，则肯定会收到惨不忍睹的成绩单，或者接到老师的告状电话。在每个年龄段和成长阶段，孩子都会发明出新方法，让你感到恼火、愤怒、烦躁、焦虑。但有些时候父母容易做得过火，反应过激，把责任推给孩子，给孩子制造更多的压力。父母指责孩子使自己不快乐，而事实上，他们原本就不快乐，只是在被孩子触发前没有觉察到罢了。

回到本章开头的两个例子，打翻果汁就像引燃了导火索，但父母内心早已埋藏着不快乐。在第二个场景中，父母当时并没有感到压力或不快乐，所以没有被惹恼，也就没有被触发。

我从 1987 年开始担任咨询师和工作坊导师以来，就一直在研究个人当责（personal accountability）的模型和哲学。其中有一个模型是这样的：

- **状况**（中立，不好也不坏）;
- **问题**;
- **真正的问题**;
- **核心体验**。

光是这么说可能很难理解，因此，让我们把它应用到"打翻果汁"的例子中。

● 状况（中立，不好也不坏）

我们知道，在第二个场景中，状况既不好也不坏。儿子把果汁洒在了妈妈崭新的套装上，妈妈并没有发怒或做出其他负面情绪反应。尽管你可能会说，百分之九十的父母都会把打翻果汁看成犯错，进而责骂孩子，但并不是所有父母都会这么做。这就意味着，父母的反应是"变量"，打翻果汁则是"常量"。孩子酿成的小事故到底是对还是错，决定性因素是父母的判断。

● 问题

那么，是什么导致父母将不好也不坏的中立状况变成了问题？答案很简单：父母被惹恼了。在上述例子中，父母甚至可能没意识到自己被惹恼了；他们只是认为儿子是问题所在，并对他的行为做出了反应，而没有自我反省。如果父母愿意停下来想一想，为什么自己要为这点小事大动干戈，就能克制住自己的愤怒、批评与惩罚。

● 真正的问题

接下来，我们要谈到潜在因素。父母的潜意识中存在某些不健康的压力，它就像一大罐汽油，等待着被一小朵火花引爆。父母感到压力可能有许多原因，包括工作压力、财务状况、婚姻冲突、健康问题，以及与姻亲的紧张关系等，其中任何一个因素都可能引起身体紧张。问题越大，压力越大。请想象一下，如果父母双方同时遇到上述若干问题，那会怎么样？再加上大部分（乃至所有）压力都是无意识的，父母会对自己背负的压力视而不见。在这种情况下，不需要太多导火索就能引起大爆炸，尤其是父母的身体正在寻找释放压力的方式的时候。简单来说，如果父母没有背负巨大压力，就不会有如此激烈的反应，甚至不会有反应。

● 核心体验

你如果碰巧类似于第一个场景中的父母，最好审视一下是什么让你如此不开心。如果父母能认识到自己背负的压力有多大，进而采取措施，采用健康的方式释放或化解压力，就不会为所有人带来如此不愉快的体验。当你对孩子发怒的时候，你如果能及时停下，花点时间平静下来，这一步本身就能给所有人美好的回报。你如果再向前迈进一步，就会发现真正的金矿。世上几乎所有亲密关系问题背后都存在这一点，但你需要有意愿和决心才能加以应对。我指的是你脆弱的一面，也许是昔日创伤在呼唤你的关注。我想再强调一遍，将孩子视为问题并沉浸在愤怒中，要比直面自己的脆弱，并为自己的感受、想法和行为负责容易得多。

这一点我是吃了很多苦头才学到的，或者说是在另一次为人父母的觉醒中发现的。事实上，我是通过研究亲密关系了解到的。每次我和太太发生激烈冲突，一开始我都会怪她惹恼了我。然而，当我不再沉溺于愤怒与指责时，就会意识到自己内心并不快乐，而那种不快乐的感觉十分熟悉。这就意味着，我在一生中体验过很多次这种不快乐，甚至能追溯到很久以前。我在遇到素梅之前，这种不快乐的感觉时常浮现。事实上，在我十六岁遇见第一位女友之前，那种体验就已经存在了。再回溯，我只有模糊的记忆，记得小时候有时会感到不快乐。最终，我意识到它表现为三种人类体验。在有下列三种感觉的时候，我就会不快乐。

- **不配**（不够好、没价值、不重要、无力……）；
- **被抛弃**（孤单、孤立、无助……）；
- **心碎**（极其失望、丧失希望……）。

在与素梅发生冲突时，我渐渐学会了内省。我意识到，与其沉浸在愤怒与指责中，不如问问自己："事实上是哪种感觉让我如此不快乐，是不配、被抛弃，还是心碎？"答案会立即浮现在我的脑海中，为我在安全、控制、防卫与操纵区中开辟出一条路，让我直接通向自己的脆弱。至于这种时刻我能做些什么，我将在本书第十章加以讨论。

接下来，回到打翻果汁的例子。父母愤怒的根源不是儿子，也不是打翻果汁，而是自己不配、被抛弃或心碎的感觉，那种感受可能从小就存在于他们的内心深处。打翻果汁只是催化剂，勾起了他们的那种感受。对有些读者来说，理解这一点可能需要思维上的巨大飞跃；另一些读者则可能在想，这跟养育子女有什么关系。因此，我想举一个在咨询工作中遇到的例子来说明。为了保密起见，咨询者的名字是虚构的。

苏世恩因她十几岁的儿子洪振向我求助。洪振正在念高中，他让数学和科学老师相当头疼，因为他不但学习成绩差，还在课堂上捣乱，总是找周围的同学说话。苏世恩曾两次被叫去学校，跟老师讨论教育洪振的方法。第二次被叫去学校的时候，她因为没管好儿子被老师训了一顿。像我的大多数咨询者一样，她希望我告诉她怎么解决教育孩子的问题。也就是说，她想让我告诉她如何改变或"纠正"儿子。但是经过几次咨询，苏世恩渐渐意识到，这个问题让她感到无力又无助。

在讨论过程中，她突然问我："你是说，我跟洪振之所以出现这个问题，是因为我感到无力又无助？"

我回答说："我是说，每当生活中出现亲密关系问题或冲突时，往往会勾起人们的脆弱感。但我们不是觉察并应对那些感觉，而是想把它们推开。"

"不然还能怎么办？"她问道，听起来像陷入了绝望，"我总不能一直感到无力又无助，然后就这么活下去吧？"

我记得我心想：**呃，那你就不该为人父母**。当然，我没有这么说，而是换了另一种说法："苏世恩，你跟洪振处不来，也许是因为你不但对他的行为做出反应，还对自己的不安感做出了反应。当我们做出情绪反应时，尤其是愤怒或担忧的时候，就会无法**思维清晰地思考**问题。"

育儿原则:

当你对某种状况做出情绪反应，尤其是愤怒、受挫、不耐烦或焦虑时，你就会难以思维清晰、充满智慧地思考问题。

这一点非常重要，与接下来提到的观点息息相关。那就是在经历危机或亲子冲突时，要注意应对自己的脆弱感。你离自己的脆弱感越远，离你本质的思维清晰与智慧就越远。

亲密关系中的每个问题，无论是配偶、亲子、同事还是原生家庭成员之间的问题，都会使你的脆弱之处浮现出来。这自然而然会触发你的安全、控制、防卫与操纵区。这个区域存在的目的就是保护你，不让你感到脆弱，而它最好的工具（或武器）就是愤怒。听起来愤怒似乎是跟你站在同一边的，因为试图避免痛苦与不适是人类的天性，而脆弱感恰恰会导致痛苦和不适！事实上，问题会令人不适，冲突会让人痛苦，仅仅因为我们不喜欢不适，并不意味着愤怒与指责是处理问题的最佳方式。因此，我们必须认清一点：问题可能是催化剂，但它并非导致不适的根源。打翻果汁其实并没有那么惹人恼火；孩子扰乱了你的生活，并不是因为他们不乖。

由内而外地养育子女，首先就要认清你自己的内心活动，以及它们是如何把问题变复杂的——尽管在你看来，你的意图是解决问题，使亲子关系更和谐。如果你现在能抽出一点时间，回想一下孩子惹恼你的情境，然后回答下列问题，也许你能更好地理解我的建议。

- 孩子的哪些行为或不作为让你如此恼火？
- 你有什么反应？你有没有厉声训话、吼叫、批评、施以惩罚？
- 你当时体会到了某种情绪能量，它影响了你的行为方式，那种情绪能量是什么样的？你是不耐烦、沮丧、愤怒、焦虑，还是失望？
- 你的行为是否让情况有所好转？
- 你的行为是否有助于打造与孩子的亲密纽带？
- 你对自己应对孩子的方式感到满意吗？
- 你的行为是否促成了你与孩子和解？

如果在那种情境中，父母停下来反省，注意到自己的愤怒反应与事件本身不相称，发现自己内心充满了需要释放的压力，就会迈出有效应对情境的第一步。也许他们会问自己，自己的真实感受是什么——是不配、被抛弃，还是心碎？答案可能是不配。也许他们觉得自己作为配偶不够好，或是作为一个人不够优秀。

我意识到，要及时发现自己的错误，停止对孩子"惹人恼火"的行为反应过激，其实是很困难的，事实上几乎不可能做到。不过，等事态平息以后，再回顾自己的行为，则是有可能做到的。只要负责、诚实、愿意认错并从中学习，你就会更容易意识到，自己的反应源于许多因素，远远超出孩子的行为本身。只不过，孩子是最容易攻击的目标，不是吗？孩子需要你提供食物、住处和归属感，说到底，他们在亲子关系中毫无权力可言。既然你掌控着全局，孩子最终就不得不向你屈服。这就引出了育儿过程中的一个基本问题：权力与控制。

如果你审视一下自己对孩子发怒的频率，再反思一下每次发怒是否有必要，你就会发现，发怒并不是真的"为了孩子好"——这是许多父母给自己的做法找的辩护词。发怒更多是为了控制孩子。当你发现孩子采取了你不赞成的行为时，你就可能会感到失控。在许多父母看来，听话服从是最重要的。服从不但被视为子女教育和融入社会的基本要素，还被视为尊重父母的表现。如果孩子不尊重你，你在他们眼中就毫不重要。因此，每当孩子"不守规矩"的时候，你就会将其解读为孩子不尊重你。

问题在于，人类会把恐惧与尊重混为一谈。我看过一部电影，里面有个人问帮派老大："你是更愿意令人畏惧，还是更愿意受人爱戴？"当然，老大回答说，他更愿意令人畏惧，否则就没法控制别人了——他要求帮派成员对自己绝对忠诚、彻底服从。

要不然，为什么会有人以惩罚威胁孩子？这么做当然不是为了获得孩子的爱。批评、指责、不耐烦、沮丧、愤怒、威胁、最后通牒和惩罚都是用于控制的工具。亲子冲突往往会演变成父母试图控制孩子，孩子则试图不受控制。但你有没有注意到，人类出于本能不喜欢受人控制？让我们观察一下上述已被使用数千年的"工具"，弄清它们的实际目的是什么。

● 批评

批评的目的是让孩子感到弱小、无力胜任。批评可以是强硬严厉的，也可以是被动攻击型的，还可以伪装成讽刺或取笑。但无论如何，它的目的都是强化父母"无所不知"的权威形象。

● 指责

指责的目的是把责任推卸给孩子，使父母得以脱罪。父母之所以不开心，完全是由于孩子的行为；如果孩子没有那样的行为，每个人都会开心，家庭也会更和睦；都怪孩子毁了一切。

● 不耐烦

不耐烦通常源自完美主义的期望，以及对孩子缺乏信任。不耐烦是给孩子发出讯息，暗示他们进步太慢。父母认为孩子应该沿直线前进，在尽可能短的时间内从甲处到达乙处。但每个孩子性格不同，学习和成长的步调也不尽相同，不耐烦的父母只会横加干扰，将自己的意愿强加给孩子。这会加剧孩子内心的压力，甚至导致孩子情绪失衡。

● 沮丧

当不耐烦似乎不起作用的时候，父母会通过表达沮丧发出最后一次警告。沮丧就像在说："不管我说什么做什么，你**就是不做我要你做的事**！瞧瞧呀，我已经努力尝试过了！你给我带来了这么多麻烦！"沮丧会加剧孩子内心的愧疚感，也会让孩子感到受挫，因为不管你信不信，孩子确实已经尽力了，得到的反馈却是即使他们做到最好也远远不够好。

● 愤怒 [1]

愤怒最初是一种求生机制，用于推开恐惧和脆弱感，但很快就发展成了通过令人畏惧来控制别人。愤怒是一种用途多样的工具，其一大目的是让孩子感到内疚，觉得自己做错了。接下来，父母会给孩子机会做父母希望他们做的事，否则就要面对糟糕的后果。愤怒还用于彰显权力，尽管那并不是真正的权力。请试想一下，尤其是对幼儿来说，愤怒作为管教工具是多么有效。在幼儿眼中，面对愤怒的父母就像面对喷火的恶龙——声音巨大、表情吓人，还可能施加体罚，这让孩子害怕得不敢不服从。

● 威胁

威胁通常与不耐烦、沮丧或愤怒同时使用。每当父母感觉无法控制局势，必须提升孩子的恐惧程度的时候，他们就会发出威胁。

---

[1] 愤怒有三种主要表现形式：攻击、被动攻击、退缩。

我妈妈只需要发出一种威胁，那就是："等你爸回来，我会告诉他你干了什么好事！"而其他父母可能会准备两到三种负面后果，悬在孩子头顶上晃荡。吓坏的孩子更容易控制，至少父母是这么认为的。

● 最后通牒

这一点解释起来有点复杂。通常来说，父母在极其愤怒、真的想恐吓孩子的时候，才会下最后通牒。问题在于，父母下最后通牒时往往说得斩钉截铁，因此在怒气消退后也必须付诸实施。这并不像听起来那么简单，因为往往当父母不再生气后，他们可不想真的狠狠地伤害孩子。

● 惩罚

惩罚有许多种不同的表现形式，从殴打直到限制个人自由。无论惩罚是否有实实在在的好处，人们都误认为这么做不但是可以接受的，还是管教孩子的必要手段。我和太太一向不喜欢惩罚孩子（有哪个家长真的喜欢？），所以我们一直在努力寻找替代方法。其中一些方法在短时期内管用，另一些则成了我们家庭生活中不可或缺的一部分。那些替代方法有一个共同点，就是需要花时间。叫孩子回房闭门思过相当简单便捷，不许孩子玩电脑更是轻而易举。也许揍孩子能取得立竿见影的效果，不过我们从来没有试过。相比之下，讨论冲突背后到底发生了什么，或者跟孩子一起探讨各种解决方式，帮他们解决学校里或与朋友相处的难题，这些做法都需要花时间！我有时候（事实上是经常）根本不想保持耐心，也不想花半个晚上去沟通。我心烦意乱，被生活中的其他问题困扰，而且疲惫不堪。惩罚成了我心中的唯一选项。但我确实为此付出了代价！

我不是说世上不存在适合惩罚的情境。我只是说，在多数情况下，甚至是百分之九十九的情况下，还有其他更有效的替代方法。下面是几个简单的例子。

女儿不愿意吃妈妈做的饭菜。
- 惩罚：让她回房闭门思过，不许她吃晚饭。
- 替代方法：建议她去厨房，自己做个三明治。（就连四岁小孩也能做到！）

孩子在该上学的日子总是睡懒觉。
- 惩罚：往他们脸上泼水，或是剥夺他们的某项特权。
- 替代方法：给他们看公交时间表，告诉他们如果早上错过校车，该怎么坐正确的公交车去上学。

一般来说，通过体会行为后果来学东西，要比靠受罚来学东西效果好。惩罚会助长孩子的受害者心态，因为他们常常觉得自己受了不公平对待——往往也确实如此！反之，保持冷静，帮助孩子了解其他选项，则能避免孩子觉得自己不乖，还能赋予他们选择权。你可以选择好好吃饭，也可以选择自己做三明治；你可以选择睡懒觉，然后坐公交车去上学，也可以按时起床，赶校车去上学。

当然，你还有其他育儿工具可用，但当父母走上"基于权力"而不是"基于和谐"的育儿之道时，惩罚似乎成了他们必备的工具。如何回应孩子向你提出的问题，取决于你的冷静程度。父母越冷静，头脑就越清晰，也就越能运用直觉和创造性思维；他们越能运用直觉和创造性思维，就越能给予孩子有效的回应。

有一些要素能帮助父母变得更冷静，进而更有效地帮孩子解决问题。

● 负责

问题就像一段隧道。为了在觉知、情绪成熟度、智慧、理解力或其他基本特质上得到成长，你必须穿过那段隧道。不幸的是，我们往往不会从这个角度看问题，进而错失了成长的机会。但父母如果能负责地采取行动，与孩子发生冲突或出现问题时，就能偶尔意识到上天给予自己的机会，进而得到成长，超越个人局限。他们可以直面自己的内心活动，发现自己是如何维持或激化当前状况的，进而有意识地停止自己无效或有害的行为。负责的父母不会急着寻找问题的解决方案，而会先吸取问题带来的教训，拉近与孩子的关系。通常情况下，解决方案会自然而然浮现，或者以"下一步"的形式浮现在父母脑海中。

我想重申非常关键的一点：一般来说，亲密关系问题与其说是解决了，不如说是由于成长被抛在了身后。父母的理解发生了重大转变，这种转变在外部世界引发了共鸣。转变具体表现为：问题突然消失不见，突然出现了绕过障碍的途径，或是父母或孩子恍然大悟。但是，正如我在前面提到的，如果父母做出情绪反应，更关注孩子而不是自己的责任，这种情况就不可能发生。

● 赞赏

为了说明赞赏的重要性，我希望把你普通的一天分为三类亲子体验：赞赏、缺乏赞赏和维持现状。父母的大部分时间都用于维持现状：管理全家的衣食住行，确保孩子吃饱穿暖、身体健康、按照适合全家的时间表行事。当父母以消极的眼光看待孩子时，就会出现缺乏赞赏的情况。他们只关注孩子的局限性、不良行为、缺点，或者孩子看起来有什么不对劲。这些看法会通过批评、讽刺、纠正（例如，告诉孩子**应该**做什么，或者**应该**看起来如何）表达出来，但不一定是通过话语，往往是通过父母的肢体语言或语气。

赞赏是对孩子的天赋与特质的认可，需要真诚地表达出来，而不是试图操纵孩子。父母不是奉承讨好孩子，也不是高高在上地敷衍孩子，而是说出心里真正的想法，也就是告诉孩子，他们用自己的天赋丰富了你作为父母的人生。赞赏的伟大之处在于，它能通过给予不断滋养你的内心。每当你真心赞赏孩子的时候，就会感到更充实、更幸运、更富有；而批评、指责、批判孩子或表达失望，只会让你感到更空虚、更不幸、更贫乏。赞赏能促使人成长，缺乏赞赏则会让人变得弱小。赞赏能促进和谐，增强凝聚力；缺乏赞赏则会造成冲突、不和谐与不健康的情绪。

● 道歉

你如果不肯承认错误，就不可能从中学到东西。育儿过程中的一大障碍就源于父母不愿承认自己偏离了航线。只关注孩子和他们的毛病，会使父母变得盲目，看不到自己的责任，放纵自己依照情绪行事——如果儿女不听我的话，不服从我发出的指令，让我感到沮丧，那他们就是错的！

我还记得，孟禅十一岁的时候，我们之间发生过一个小插曲。我已经记不清细节了，只记得他不听我的话，我对他大发雷霆，说如果他不好好表现，我就会以某种方式惩罚他。他突然转过身来，盯着我说："我不喜欢别人威胁我。"我愣住了，一时哑口无言。我还记得，我怒气冲冲地想，自己必须更强硬一些，好把这个小浑蛋压在五行山下。但我意识到，这意味着要给他下最后通牒。最后通牒十分危险，尤其是在愤怒时发出的。事实上，跟接到最后通牒的人比起来，发出最后通牒的人受到的限制更多。

这时，奇迹发生了，智慧的火花突然闪现，让我意识到儿子是对的，自己需要修正航线。我花了几个小时思考，终于鼓起勇气走进儿子的房间，为自己之前的做法道歉。我没有找借口，也没有试图为自己的行为辩解。我承认自己犯了错，指出自己不该威胁儿子，他不该受到这般对待。孟禅什么也没说，但眼眶里蓄满了热泪。于是，我给了他一个拥抱，对他说了晚安。第二天，我们冷静地讨论了那个问题，感到我们是合作伙伴，而不是彼此敌对。

我的一生中有个遗憾，那就是没有更经常、更顺畅地向太太和儿女道歉。尽管这一点真的很难做到（至少是前一百次），但它是令人畅快的健康体验。如果一个人真的想实现情绪成长，这是必不可少的一步。当然，道歉必须包含诚意，也包含学习与成长的愿望。你需要真心诚意地认错，既不找借口，也不为自己的行为辩解，而是接受自己确实犯了错。在亲子关系中犯错并不是坏事。错误通常是无意识的行为，是对误解做出情绪反应的结果。道歉是觉察到自己的行为，进而做出纠正。

● 鼓励

所有快乐的童年经历都离不开"鼓励"这个要素。因为，孩子有时会被自己的局限性束缚住，鼓励有助于他们学会克服障碍，发挥自己独特的天赋、才华和特质。缺少鼓励则会开启受挫的大门，让孩子只看得见自己的局限性，导致他们出丑卖乖，以便获取正向关注。那些做法会让父母大为恼火，进而做出更让孩子受挫的事。由于寻求正向关注不管用，孩子会转向较为负面的行为，例如权力斗争、报复，乃至自暴自弃。

对孩子来说，鼓励是一种鼓舞人心、令人振奋的体验，能够激发他们学习与探索的欲望。受到鼓励的孩子会变得更有信心、更自信，受挫的孩子则会深感不安、有攻击性。[1] 鼓励除了对孩子有好

---

[1] 周遭环境对儿童的身心健康影响深远。健康安全的家庭环境对孩子的成长、学习与探索至关重要。相反，存在问题的家庭环境会对孩子的智力、社交与情感发育造成不利影响。研究表明，幼儿时期的负面家庭环境会导致儿童发育障碍，包括语言能力欠缺、产生行为问题和入学准备不足。

处，对父母也好处多多。当你鼓励孩子的时候，也会感觉到鼓励的发散性能量在自己身上滋长。这就引出了一个问题：如果说鼓励能让孩子和父母都感觉良好，还能带来诸多好处，为什么父母不集中精力鼓励孩子，反而选择令孩子受挫的做法？通过阅读本书并进一步思考，我们会找到答案：令孩子受挫做起来**更简单**。

为什么父母会觉得这么做更简单？有没有可能是因为父母自己就在受挫的环境中长大，当他们采取令孩子受挫的做法时，会感到熟悉又自在？本书第六章将进一步探讨这种可能性。此外，如果我自己没有受挫，为什么会打击孩子？如果真是这样，那么改变育儿方式，给孩子更多的鼓励，只会让我自己感觉更受鼓舞。

最后，鼓励孩子追求他们的兴趣和激情所在，能给亲子双方都带来激动人心的机会。学校和社会文化通常并不注重鼓励孩子，这就需要父母来弥补它们缺失的东西。

我开设工作坊的时候，通常在介绍有效育儿的要素时，总会有学员提出以下反驳：

- 根本不可能变成那样的父母！
- 如果我这么做，孩子绝对不会尊重（也就是害怕）我！
- 我父母从来没做过这些事，我现在不是也活得挺好的！
- 这种做法不符合我的文化传统！

● **听起来你似乎在建议我们溺爱孩子！**

如果你也有类似的想法，还请稍加忍耐，我保证会在本章末尾回应你的担忧。你如果实在等不及，也可以现在就翻到本章结尾处。如若不然，就请让我们继续讨论"基于和谐的育儿方式"的几大要素吧。

● **赋予权力（提供选择）**

回顾人生中的前三十年，我意识到，自己从来没有得到过多少选择。换个说法就是，我从来没有抓住机会，做出自己的选择。似乎总是有人告诉我，我必须做什么，或是不该做什么。通常情况下，我会发现自己不该做想做的事。我去上学，是因为别人告诉我要去上学。我学习某些科目，是因为别人告诉我学它们很有必要。别人告诉我什么时候可以出门，什么时候必须回家，什么时候该吃饭，什么时候该做作业，什么时候该洗澡，什么时候该睡觉，什么时候该起床。别人还告诉我，什么时候该把全套例行公事从头再做一遍。

只有在课间休息的时候，我才能体验到选择的自由。我可以玩自己想玩的游戏，尽情跑跳撒欢、抛接棒球、追逐打闹、玩捉迷藏，或是沉浸在虚构的大冒险中。我可以化身为间谍、士兵、警察、消防员……想扮演什么角色都行。我对团体运动敬而远之，免得权威人士告诉我该做些什么，该扮演什么角色。你如果弄不懂为什么如今有那么多孩子沉迷于电脑游戏，不妨这么想一想：只有在游戏空间里，他们才能体验到选择的自由；他们可以借此暂时逃离现实世界，因为在现实世界里，他们不断被人告知什么时候该去哪里，要在那里待多长时间，在那段时间里该做什么。

尽早给你的孩子提供选择，有助于他们发挥创意能力，听从内心的引导。不要拿责任或活动填满孩子一天中的每分每秒，那只会让他们觉得无聊透顶。请让孩子充分发挥能力，给自己创造体验。（前提是，你能哄得他们放下手机或平板电脑一个小时。）[1]

此外，给孩子自己做选择的机会，能教给他们辨别力、责任感和决策技能，还能让你有机会与孩子展开有意义的对话，而不局限于问他有没有做完作业，或是考试成绩怎么样。

那么，这为什么会是"由内而外的育儿方式"的有机组成部分？答案很简单：这么做需要信任孩子，而信任**不属于**安全、控制、防卫与操纵区。你必须放弃掌控，以便引导孩子，而不是指挥他们。

● 基于共识的沟通

这种做法好处多多，与源于安全、控制、防卫与操纵区的标准

---

[1] 说到这里，电脑游戏世界确实为孩子提供了拓展创造性思维的机会。我的女儿孟明很爱玩一个游戏，她在游戏里可以开发邻里社区，存在大量人际互动。我的儿子孟禅则喜欢建造城市乃至创造世界。这些兴趣使他们在现实世界中获得了各种有趣的机会。

育儿方式截然不同。源于安全、控制、防卫与操纵区的是基于控制的育儿方式。深陷那个区域的父母依赖专制独裁、自上而下的指导和沟通，进而控制孩子的生活。那是因为，他们被"与孩子进行基于共识的沟通"这个想法吓坏了。但除非他们能从亲子互动中达成双赢的结果，否则就可能发现自己跟孩子越来越处不来，至少是关系越来越疏远。你只需要想一想以下两者的区别：一是与孩子沟通，以便说服、胁迫或强迫他们做你认为最好的事；二是与孩子沟通，直到亲子双方都对结果感到满意。显然，并不是每次都能达成双赢的结果，因为孩子有时没有足够的理解力，无法辨别什么对他们最好。但只要沟通时保持平静、彼此尊重，亲子之间就能形成和谐关系与协作意识。

● 始终如一

你如果在某次发生冲突时依照情绪做出反应，就无法给孩子提供始终如一的参照框架。孩子，尤其是幼儿，需要在稳定的环境中茁壮成长。但如果你在心烦气躁的时候这么说，在心情平静的时候那么说，这种不确定性就会让孩子感到困惑，不知该认真对待哪种说法。这就是为什么当你火冒三丈的时候，最好不要发表任何宣言、威胁或下最后通牒。因为等你平静下来，你就会把那些说法通通推翻。最好等到情绪稳定之后再做出重要决定。请记住，让自己平静下来并不等于压抑情绪，而是达到真正的内心平和。至于怎么才能做到这一点，本书第十章将具体介绍。

● 耐心

你如果不信任孩子自然而独特的成长之路、你自己内心的智慧，亲子互动过程中，就不可能保持耐心。如果父母对孩子的期望没有成真，父母就会变得不耐烦。而如果父母停止不耐烦，放松下来，提醒自己"孩子不会按照特定时间表成长、学习或发展，而会随着时间的推移，根据自己的天性成长、学习、发展"，就能学会保持耐心。保持耐心确实很难做到，但作为引导孩子的工具，不耐烦不但不管用，而且毫无意义。

● 航线修正

育儿方式必须灵活变通，因为你需要不断纠正前进方向。你刚学会跟八岁的孩子打交道，他们就突然长到了九岁，你又将面临一系列全新的挑战。[1]你每天都会偏离航线，至少看起来如此。这就意味着，如果你抛开身为父母的完美主义期望，尽可能顺其自然，等发现偏离方向再将自己拉回正轨，你就会轻松许多。

基于权力的育儿方式与基于和谐的育儿方式有一大区别，那就是前者通常包括无意识的惯性行为模式。大多数情况下，它们从本质上看是"强迫症"。你从来没有计划过，甚至没有想过要恼火、不耐烦、沮丧、烦躁。你不可能某天下班后感觉棒极了，突然对自己说：**我感觉好极了，要回家把孩子狠狠批上一顿！我要大发雷**

---

[1] 关于孩子在不同年龄阶段父母面临的挑战，相关简要描述请参见附录。

霆，毁掉大家的美好夜晚！当然不是。但你心满意足地走进家门，没过几分钟，就发现自己在大吼大叫，指责孩子，发出威胁，采取不成熟的做法，对遇到的状况反应过激。

强迫行为 [1] 是指出现难以抗拒的冲动，想要采取某种特定做法，尤其是与自己意愿相悖的做法。你并不是有意识地想对孩子发火，只想跟家人共度愉快的夜晚。然而，某种力量支配了你，使你偏离了航向。情绪反应是安全、控制、防卫与操纵区导致的无意识行为。每当身体系统认为你受到了威胁，有失去控制的危险时，就会出现情绪反应。即使你没有感觉到威胁，身体系统也会这么做。只要发现你流露出脆弱，哪怕是一丝一毫，安全、控制、防卫与操纵区就会拉响警报，你的言行就会受到无意识的控制。你事后可能会感觉糟糕透顶，但愧疚也是脆弱的一种表现，因此安全、控制、防卫与操纵区又会拉响警报。接下来，"迫害者"（persecutor）会介入，你会因为自己是个糟糕的家长而冲自己发火，这种自我折磨能让你远离脆弱；或者擅长为自己辩护的"拯救者"（rescuer）会接手，让你相信自己没有做错，没有行为不当——你做的一切都是为了孩子好。明明是孩子先惹恼你的，所以你这么做完全正确。**孩子不骂不成器**！

---

[1] 强迫行为。摘自《韦氏大词典》：一种难以抗拒的冲动，想采取某种特定行为，尤其是与自己意愿相悖的做法。例如：他感到一阵强迫式的冲动，想喋喋不休地讲述发生的一切。

由内而外的育儿方式就是努力控制自己在指导、管教孩子时无意识的强迫行为，启动"基于和谐的育儿模式"所描述的有意识的行动和态度。只要你越来越多地觉察到安全、控制、防卫与操纵区中的内心活动，意识到它们体现为你对亲子问题的无效反应，就能在出现某些不当反应时及时意识到并制止自己，选择更明智、更有效的反应。

随后，问题会消失，会自行解决，或是得到你或孩子的有效应对。

接下来，要说回我的工作坊学员对"由内而外的育儿方式"提出的反驳。

● 根本不可能变成那样的父母！

对，几乎不可能。做到这一点的确很难。但正如伟大先哲老子所说，"千里之行，始于足下"。如果你能消除或是降低对自己的期望，大肆庆祝哪怕是最微不足道的进步，那么你无意识的无效行为就会随着时间推移逐渐减少，你与孩子的关系也会变得更丰富多彩。哪怕是最微小的进步，也能带来巨大的好处！

● 如果我这么做，孩子绝对不会尊重（也就是害怕）我！

这是你的安全、控制、防卫与操纵区在发话！你不需要用恐惧来管教或指导孩子。当你更多地展现出智慧、爱、思维清晰等基本天性时，你就会发现孩子更愿意与你合作了。

● **我父母从来没做过这些事，我现在不是也活得挺好的！**

这不是以孩子为中心的育儿方式。以孩子为中心的育儿方式旨在帮助父母减少压力，获得更充实的体验。它关注的不是你的目标，而是达成目标的方式。

● **这种做法不符合我的文化传统！**

智慧、爱、同情、善解人意……以及你奇妙本质中的许多方面，并不属于任何文化传统。我希望我分享的东西能帮你更接近这些特质，并更多地向孩子展现这些特质。这么一来，孩子就会受到激励，展现出自己的基本天性。

● **听起来你似乎在建议我们溺爱孩子！**

不，根本不是。我不是鼓励你宽松或严格、消极或激进、多关注或少关注。当你保持中立的时候，你就能保持冷静、头脑清醒，充分运用自己的智慧。当你寻找折中方法的时候，你就会出于本能知道怎么做对你和孩子最好。

当出现危机或问题时，甚至是在日常生活中，最适合你和孩子的互动方式就是最可取的。今时今日，亲子互动过程中很少出现这种情况，但它能带来最大的回报。

第六章

父母教给我们的东西

✳

　　某天早晨，我和儿子正在吃早餐，我突然意识到，父亲给我树立了多大的榜样。那天，六岁的孟禅把花生酱抹在吐司上，然后将同一把餐刀伸进了蜂蜜罐，好往花生酱上再抹一层蜂蜜。

　　"孟禅！"我厉声说道，"别用同一把刀。换一把刀抹蜂蜜！"

　　"为什么？"他问，对我严厉的语气感到困惑。

　　"因为……"我准备往下说，但突然停了下来。我竟然一时想不出理由，因为我脱口而出的那句话是被童年记忆触发的。当年，五岁的克里斯多福做了同样的事，遭到了父亲的严厉训斥。我太怕我父亲，不敢提出质疑，于是乖乖顺从了。我深深陷入了那段回忆中，以至于没想出该怎么回答儿子。那一刻，我脑子里想的全是"孟禅做错了事"。我相信那么做是错的，因为我自己做过同样的事，因此被父亲训斥过。但是，无论是六岁的孟禅还是五岁的克里斯多福，都没有得到令人满意的解释，不知道这么做到底有什么不好，竟然要遭到如此严厉的纠正。显然，不能把蘸了花生酱的餐刀伸进蜂蜜罐，是因为我们喝茶要加蜂蜜，而花生酱会害得茶水串味。好吧，这样说得通。但为什么这件任何孩子都会做的小事，竟会变成这么大的问题，惹得我父亲（还有长大后的我）反应过激？

幸运的是，我儿子做了一件我在他这个年纪绝对做不到的事：质疑权威人士发出的命令。我的儿女都经常这么做。于是，我很快意识到，我从父亲身上学到了某些不当的习惯。我想在此声明，我父亲心地善良，但情绪并不成熟。另外，他的心灵受到了二战经历的影响，那些经历导致他依赖酒精。上述因素严重影响了他的育儿态度，比如突如其来的发怒、不必要的殴打和严厉的批评。他和我母亲都是心灵受过伤的人，肩负着养育八个孩子的重任，这份责任令他们不堪重负。

我们家里十个人和一只狗住在一间小屋里，因此情绪表达受到了限制。通常，父母都要求我们保持安静，不能大笑或大声说话，不能采取粗暴的行为，**绝对不能跟长辈顶嘴**。别争论，也别抱怨，只要乖乖听话就行。

由于当时没有开办相关学校，也很少有这方面的书籍供父母学习，我父母可能是从他们的父母那里学会如何为人父母，然后又把相关做法传授给了我。你可能也是这样的。在那些"教训"中，有好几代父母传下来的有益或无益的信息，那些信息也许能使亲子互动更为顺畅，也许只会阻碍亲子互动。我知道有个说法：人应该永远尊重乃至崇拜父母、祖父母和祖先。但让我们面对现实吧：无论是过去还是现在，许许多多的父母情绪都不够成熟，无法充当有效育儿的榜样。我自己也属于这类人。

父母往往是我们学习的唯一榜样。令人惊讶的是，许多人发誓永远不会像父母对待自己那样对待孩子，但最后的做法几乎跟自己父母一模一样。他们对待孩子的方式不当，并不是因为他们想欺负孩子或是过于严厉，只是不知道还有其他方式罢了。他们无意识地沿用了自己父母无意识创造的做法。这就是为什么我会提出，责备自己的父母毫无意义，因为他们也可以反过来责备自己的父母，而他们的父母又可以反过来责备自己的父母，以此类推，可以一直追溯到某个原始人冲树上的猿人挥拳抗议，因为那个猿人逼迫他下树直立行走。（那个猿人可能从未向孩子解释过，为什么他不能四肢着地，而必须挺直脊梁走路。那个猿人大概会用一种历史悠久的方式回答孩子的疑问："因为我说了算！这就是为什么！"）

所以说，也许我们的育儿方式主要是从父母那里学来的，但为其中无益的部分指责父母既没必要也不合逻辑。既然没必要指责祖先，我们又该去哪里寻找那些错误信息和不管用做法的源头？为了回答这个问题，我们只需要审视自己的内心！

第七章

育儿囚牢

斯蒂芬·卡尔普曼（Stephen Karpman）是交互分析（transactional analysis，简称 TA，又称沟通分析）领域的一名老师，他创造出了一个极为简洁的模型，用来解释人际冲突中的动机和行为。他称之为"戏剧三角"（drama triangle），其中包含三种类型的强迫行为："受害者""迫害者"和"拯救者"的行为。我在他的模型基础上略做修改，称之为"受害者囚牢"（victim prison），并在前两部关于亲密关系的作品中简要阐述了自己的理解。在设计哈巴父母情绪成长产品的过程中，我们的团队提出，这个模型也可以用来帮助父母。

当孩子将冲突或问题带进亲子关系时，你有两种选择：

- **依照情绪做出反应，采取无效行为；**
- **心平气和 [1]、充满智慧、有效地做出回应。**

---

[1] 心平气和地做出回应，并不意味着反应迟缓或昏昏沉沉。它代表的反应不含有不健康压力带来的不稳定能量。

　　我想在这一章中重点讨论第一种选择，下一章则将探讨充满智慧、有效的回应。以下插图便于你大致了解我所说的"育儿囚牢"。我之所以这么称呼它，是因为父母陷入了某些可预测的情绪反应和惯性行为模式。他们会一直被困在那些行为模式中，直到觉察和责任感使他们重获自由。

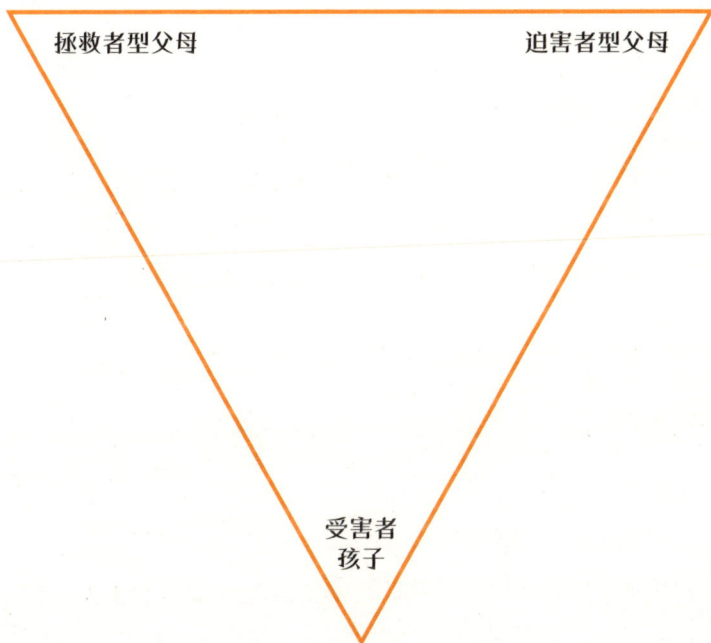

　　我们先从拯救者型父母的角度出发，开始探索上述模型。从表面上看，你会认为他们是理想的父母。拯救者型父母积极乐观，鼓励且支持孩子，至少看起来是这样。但事实上，拯救通常是一种无意识、强迫性的冲动，是为了让令人不快的事消失。如果孩子在学校里成绩不好，拯救者型父母会主动寻找改进方法，例如给孩子找家教，给孩子报补习班，甚至送孩子去看心理咨询师，好弄清他们为什么赶不上班里的聪明孩子。拯救者型父母的全部目标就是尽快解决问题。如果问题出在孩子身上，那么把孩子"变好"就是他们的唯一目标。他们会不惜一切代价让问题消失。

有时候，拯救者型父母会试图否认存在问题，以便让问题消失。请看下面的例子。

父母一方："学校打电话来，说罗欣一直欺负班上其他孩子。"

拯救者型父母："这不可能！我们的儿子才不会欺负别人！"

父母一方："他们说，他在课间休息的时候无缘无故打了一个男孩。"

拯救者型父母："肯定是那个男孩先动的手。你也知道这个年纪的男孩是什么样的。"

父母一方："但他还招惹一个女孩，在课堂上掐她。"

拯救者型父母："哦，他只是喜欢她罢了。他不知该怎么跟女孩说话。"

父母一方："老师说他对很多孩子都很凶。他可能有多动症。"

拯救者型父母："听着，我现在没法应付这个，行吗？我脑子好乱，以后再聊吧。"

父母一方："我们不该今晚就找罗欣谈谈吗？"

拯救者型父母："为什么不再多等几天？看看问题会不会自己消失。"

拯救者型父母还有其他面孔，比如励志讲师、提忠告者、传教士等等。这些面孔都为他们的唯一目标服务，那就是不择手段地让问题消失，有些父母甚至不惜为孩子做一些他们本该学会自己做的事。典型的拯救者型父母不擅长倾听。噢，他们的听力好得很，只不过在处于拯救者模式时，他们只听得见自己能消化的信息，再通过自己的诊断系统提供解决方案。你可能会问，这有什么错吗？有些时候，这么做是没问题的，父母能为孩子遇到的难题提供急需的答案。但很多时候，拯救者型父母只会让问题变得更糟糕，因为：

- **孩子没有参与解决问题的过程，所以没有学会自己应对挑战；**
- **父母提供的"解决方案"孩子没有能力执行；**
- **父母提供的建议孩子无法遵循；**
- **父母没有考虑孩子的感受，很可能认为孩子的担忧并不重要。**

所有父母都想把孩子从伤害或痛苦中解救出来，但他们有责任在不干扰孩子成长的前提下这么做。有两件事让我明白了这一点，两次都发生在我儿子刚学会走路的时候。一次是他想要站起身来，恰巧烤箱在旁边。当时，烤箱正在烤东西。他伸手扶在烤箱门上，试图稳住身子。他被高温吓了一跳，想撒开手，却失去平衡倒向了烤箱门。为了撑起身子，他又伸手去扶烤箱门，结果又被指尖传来的热量吓了一跳。幸运的是，我在他手指严重烫伤之前赶到了。起初，我内心的拯救者型父母感觉糟透了，因为我没注意到他靠近烤箱，所以没能及时拽开他。但我内心的智慧型父母意识到，虽然我本可以更警惕一些，但烤箱门并不是太烫。当然，它烫得足以让孩子稚嫩的小手感到不舒服，但绝不至于把他的手烫伤。在那一瞬间，孟禅学到了在烤箱周围要小心。那次事件以后，他很长时间都没再碰过烤箱门。

还有一次，我和素梅跟一个朋友在厨房里聊天，孟禅爬上了一把餐椅。我们都看见他试图站起来。出于某些原因，我们三个人同时转过了身。一秒钟后，他摔倒在地。我把他抱了起来。他先是哇哇大哭，但平静下来以后，他明确表示希望被放下地。随后，他立刻爬向椅子，爬了上去，再次试着站起来。不过，这一次我陪在他身边。他在椅座上站了起来，小心翼翼地保持平衡。我猜想，他是希望跟我们差不多高，因为我们三个人都站着。我内心的拯救者型父母想把他抱下椅子，或是在他站着的时候扶住他。但我内心的智慧型父母指导我，让儿子学习用自己的双脚保持平衡，并时刻准备着在他再次摔倒时接住他。

孩子总会摔倒，总会蹭伤擦伤，这些事会在他们的童年、青春期和余生中不断发生。除了身体上的伤害，他们还会遭遇情感和精神上的挑战，甚至受到伤害。这是每个人都必须经历的玄妙学习过程的一部分。为人父母最大的挑战就是觉察到这些事件，并愿意在孩子历经艰难时陪在他们身边。这就意味着，在不干涉孩子成长的前提下陪伴他们。

拯救者型父母的强迫行为是试图通过以下两种方式控制局面：（1）告诉孩子该怎么做；（2）让令人不快的问题消失。

育儿原则：

你是孩子的向导，不是他们的救星。

我知道，这个说法有悖大多数人的直觉，但它指出了拯救者型父母做的最有害的事，那就是将孩子视为受害者。换句话说，你认为孩子没有能力应对所面临的挑战，或是找不到力量和资源，通过成长来解决他们遇到的问题。由于存在这种认知，你会认为孩子软弱、无力又无助，觉得有必要告诉他们该怎么做，而不是跟他们讨论可以怎么做。同时，拯救者型父母由于想尽快消除问题带来的不适感，会选用立竿见影的便捷做法。告诉孩子该怎么做，要比帮助孩子自己找出答案轻松得多，至少看起来是这样的。对我来说，当儿子站在椅子上时扶着他，要比在他学习保持平衡时站在一旁轻松得多。

最后，让我们将目光从育儿领域投向其他领域。从事某些职业的"拯救者"拥有更多的自由活动空间，但研究发现，他们最终并没有达成自己的目标。拯救者型咨询师和心理学家很少能看到来访者被彻底治愈。当来访者似乎无力取得进展时，拯救者型精神医师常常会很想直接开药。在育儿过程中，许多拯救者型父母最终会精疲力竭，因为他们总是试图纠正所谓"问题儿童"。他们还可能对孩子的不配合、不服从感到厌烦，最终化身为迫害者型父母。接下来，让我们看一看，迫害者型父母通常是什么样的。

大多数父母在第一个孩子出生时，根本没想过自己会变成迫害者。我觉得有必要重申，就像拯救一样，迫害也是一种无意识的"强迫症"，会在你没做出有意识选择的情况下支配你的行为。有哪个体面的人愿意被视为爱批评、粗鲁、残忍、暴虐？这些都是迫害者的特征。然而，父母一旦完全进入迫害者角色，就会体现出上述所有特征。迫害者型父母甚至会自证有理，相信有必要对孩子如此严厉，喜欢把"这是为了孩子好"挂在嘴边。哪怕已有众多研究显示，严厉批评对孩子的成长发育有负面影响[1]，人们依然普遍认为，批评是必要的教学工具。我们怎么会相信，不断告诉孩子他们不够聪明、不够强壮、不够迷人或不够好，会对孩子有好处？殴打孩子或是刻薄粗鲁地训斥他们，怎么可能让他们在学校里变得更聪明？

当然，不是所有迫害者型父母都如此严厉，但只要他们的行为

---

[1] 这种行为可能影响他们与他人的关系。经常遭到严厉批评的儿童容易抑郁或焦虑，正是出于这个原因。

受到了这方面的影响，通常就不会采用最有效的育儿方式。请想一想你对孩子的一些负面看法，也许涉及他们的智力、外貌、魅力、社交技巧或招人喜欢的程度。你是否认为孩子在某些方面存在缺陷，才导致你感到恼火、焦虑或失望？再想一想，那种看法是否影响了你对孩子的说话方式？那种批判是否通过你的肢体语言、语气甚至是言语传达给了孩子？如果你发现自己很恼火，内心在批评孩子，或是对他们的言行或不作为感到沮丧或不耐烦，就代表你内心的迫害者被触发了。

但有趣的是，你如果为自己的看法负全责，就会意识到，真正惹恼你的其实是"你相信自己存在缺陷"。你如果发现某个陌生孩子行为不当，或许心里不赞同，但大概不会走过去责备或批评他。因为那个孩子不是你的亲生骨肉，你内心的迫害者不会被猛烈触发。为什么？因为你的孩子代表了你。如果你觉得孩子存在缺陷，那是因为你无意识地相信自己有问题，或是你的育儿能力有问题。如果你的父母还在世，你可能会注意到，你有多希望自己的孩子能给他们留下好印象，也许你会想向父母吹嘘孩子的某些成就或值得注意的言行。这种倾向也会向外延伸，例如向朋友和邻居夸耀自家孩子。但是，如果你孩子的行为不受社会认同，或是没能达到你希望他们达到的目标，你就不太可能为孩子感到骄傲，甚至不希望父母或朋友知晓你认为的那些"不足之处"。那是因为在你心目中，孩子的所谓失败反映了你的失败！

然而，"迫害者"的问题比这深刻得多。你内心的迫害者是在你的安全、控制、防卫与操纵区里形成的，远在你自视为父母之前。你用它来应对自己脆弱的一面，也就是你不接纳自己的那个部分——你的弱点、不足、无能、恐惧和犯错倾向。愤怒、批判和批评都源于你的自暴自弃，这为"迫害者"在你体内成形奠定了基础。你将自己脆弱的一面看成对生存的威胁。你认为，只有强者才能在世上安全存活。你可能会说，你渐渐讨厌自己脆弱的一面，想摧毁它或让它消失。如果它重新浮出水面，"迫害者"就是用来压制它的。你开始坚信，脆弱是自己所有问题的根源。但埋葬它的同时，你也埋葬了自己基本天性中的许多美好特质。在成功掩饰自己大量弱点的同时，你创造出了一个看似强大、聪明、惹人喜爱的形象。"拯救者"之所以被创造出来，就是为了找出实现这些目标的方法。为了说得更清楚一些，我想简要概述你走过的每一步。

- 你来到人世，是个极具天赋的美好存在，拥有未知的潜力。
- 在不知道自己是什么人的情况下，你开始探索自己的肉身。
- 你越来越认同自己的肉身："我就是这具身体。"
- 你越是认同自己的肉身，就越会跟其他人出现隔阂，也越会意识到自己的脆弱（你是多么渺小又孤独，多么软弱、无力又无能），进而形成核心信念——"我不够好"，以及产生对被抛弃的深刻恐惧。
- 为了生存，你认定必须证明自己足够好、有价值。所以，脆弱且没价值的那个你必须消失。

- 你极度抗拒自己的脆弱，甚至憎恨它，从而营造出了一种心理／情绪环境，保护自己免受其害，帮助你实现能证明自身价值的目标。这就是你的安全、控制、防卫与操纵区，它旨在抗拒你的脆弱，证明你在世上有价值。你会吸引被称为"谨慎友谊"的关系，发展智力，压抑看似软弱的负面情绪，必要时为其他负面情绪留出空间，尤其是那些能使你显得强大的情绪，例如愤怒、沮丧和不耐烦。所有这些都是为了强化你的优越感。

- 你采纳了一种人格面具，或者称为"面子"，以便在社会上安全地游走。

上述几点是被同时创造出来的，而不是按时间顺序形成的。因此，你在培养内心"迫害者"的同时，也在培养内心的"拯救者"。你抗拒自己的脆弱，这导致你视自己为"受害者"，同时设计出一副假面来应对朋友、邻居、同学、老师等。这么一来，你就能游走于家门外的世界中，不断拓展生活的范围。

可以说，你几乎是在"受害者囚牢"里出生的。随着你的"自我－身体认同"（ego-body identification）逐渐发展，狱墙变得越来越厚，越来越高，你却没意识到发生了什么。我需要重申一个要点："拯救者"和"迫害者"是在无意识中发挥作用的。除非你能觉察到这两类行为，否则它们就会继续履行自己的职责，使你无法打破亲子之间频繁出现的无效或有害行为模式。随着你成为高效智慧型父母的意愿提升，识别并打破上述行为模式的能力也会提升。

　　在上述"育儿囚牢"模型中，"受害者"的角色通常由孩子扮演。你很容易认为孩子比你脆弱，能力也不如你（至少在青春期之前是这样，但在进入青春期后，亲子双方的角色通常会被颠覆）。像这样看待孩子，会自动触发你进入"迫害者"或"拯救者"模式。当你认为孩子没有达到你的期望时，也会出现同样的情况。你会认为孩子懒惰、胆小、无知、麻烦、缺乏自信或软弱，将他们视为失败者。根据你的性情，以及面对孩子令人失望的行为态度时的焦虑或恼火程度，你会唤醒内心的"拯救者"或"迫害者"，以便应对眼前的状况。如果你极为恼火，"迫害者"可能会发出恶毒的批评、威胁和惩罚；如果出现的是"拯救者"，那么说教、"本该"和被动攻击型言论可能会持续好几个小时。

　　通常情况下，你的"迫害者"和"拯救者"行为只会让问题持续下去，往往还会导致情况恶化，相当于往高高的狱墙上又添了一块砖。你可能意识不到，这么做是对自己的脆弱、无力和无能感做出回应，只是这种无力和无能感从孩子身上反映了出来。

育儿原则：

你不赞成或不喜欢孩子的某个方面，恰恰反映了你无法接纳自己的那个方面。

在本章结束之前，我想指出"育儿囚牢"中的另一种动态关系，也就是拯救者型父母与迫害者型父母相勾结时会发生什么事。在这种情况下，每当孩子"表现好"的时候，父母会对他们大加赞赏；而当孩子"表现不好"的时候，父母会对他们大肆批评。这种奖惩法被许多父母奉为圭臬，甚至受到了一些育儿专家的青睐。

从某些方面来看，这样的奖惩法会让我联想到训练动物。请想象一下以下情景：有人想训练一只狗，每当狗不符合要求时，就对它大打出手；而当狗符合要求时，就赏它小饼干。那只狗也许能学会服从命令，但殴打根本没有必要，亲切地拍拍脑袋或挠挠脖子也同样有效。况且，不管怎么说，孩子都不是需要调教的动物，而是需要引导的人类。

批评表扬法的关键问题不仅在于父母的行为，还在于促使父母采取这种行为的东西。"拯救者"和"迫害者"并不是高效智慧型父母，而是狱卒。他们唯一的目的就是操纵孩子，好让自己感到舒心，且为自己感到骄傲，深信自己是出色的父母，养育了优秀的孩子。

请记住，"拯救者"和"迫害者"只是两种常见的原型，两者都不是真正的你。也请记住，这两种原型并不总能控制你的思维和行动。只不过，当你面对会造成不健康压力的人或事时，更有可能激活这两种原型。

我在下面列出了一份清单，它不是为了让你对自己感觉良好或感觉糟糕，而是为了帮助你提升觉察力。请回想某个场景，当时你孩子的言行或不作为让你感到恼火、焦虑或极度担忧。接下来，勾选你采取了哪种行为或态度，并指出当出现亲子问题时，你有多常采取那种行为或态度（是经常还是偶尔）。

行为		频率
批评（攻击性或消极攻击性）	_____	_____
威胁（攻击性或消极攻击性）	_____	_____
体罚（殴打、扇耳光等）	_____	_____
表达愤怒、沮丧或不耐烦	_____	_____
给出建议	_____	_____
说教	_____	_____

第八章

脱离囚牢的
育儿方式

✳

　　一旦你觉察到自己对孩子的无意识反应和行为，并及时加以制止，你就向囚牢出口迈出了一步。想要脱离囚牢，就需要有意识的意愿、决心和实实在在的努力。重点在于"有意识"这三个字。我在本书第一章就提过，你对孩子说什么并不重要，重要的是你说话的出发点。现在，我还想在"说话"后面加上"行为"，因为思考你行为的出发点也很关键。从表面上看，你是平静关切的父母，正在赞赏孩子；而事实上，"拯救者"支配了你的行为，试图通过夸奖来操纵孩子。

　　为了澄清"明智有效的行为"与"无效的操纵"之间的区别，我列了一份对比清单。

无意识的囚牢行为	有效的行为
夸奖	赞赏
批评	航线修正
给出建议	提供咨询

以惩罚作为威胁	指出选项
要求服从	争取协作
打击	鼓励
拒绝认错	接受"犯错也是学习的一部分"
批判弱点	在对孩子的认知中看到自己的影子

你怎么看？有些说法你或许一眼看去就觉得不对劲，有些说法则只是让你感到困惑。你可能会想："表扬孩子有什么错？我想让孩子为自己感到骄傲。""要求孩子服从，甚至是惩罚他们，又有什么错？为了保证孩子的安全，服从命令是很重要的，有时惩罚也是必要的！他们如果不听我的话，就会无视我发出的警告，直接冲进路上的车流里。如果我不惩罚他们，他们就会忘记我的警告！他们可能会摔倒，或是被剪刀戳中！"

请理解，我在这里关注的并非孰对孰错。我只是指出，跟我们迄今为止学到并采用的育儿方式比起来，哪些做法可能会更有效。

此外，你在审视上述对比时，可能会留下这样的印象：除非你一直采取明智有效的方法，否则就会失败，或者成为糟糕的父母。如果你是这么想的，请允许我重申在第四章末尾提到的几句话：你怎么才能成为完美的父母？你已经是了！你正是孩子需要的那种父母，哪怕你存在许多局限、弱点和疑虑，但也迸发出了自己的美好天赋、才华与特质。随着充分发挥基本天性，你会自然而然成为充满爱意、智慧、善解人意的榜样，孩子也会愿意向你学习。

这并不是说总要赞赏你的孩子，总要充当智慧的咨询师和向导，总是知道什么时候该为他们修正航线，什么时候该让他们自己想办法。我说的是，当你发现自己犯了错时，你要认识到自己的错误，竭尽全力纠正错误，并且接受自己已经尽力了。据我们所知，真正高效的智慧型父母目前还没有降临人世，至少也要再过很多年才可能出现。我们所能做的，就是根据自己的能力和情绪成熟度，成为孩子充满智慧、富于同情、善解人意的榜样，意识到自己或许并不完美，但是已经尽力而为了。

接下来，让我们进一步深入探讨智慧型父母的特征。

● 夸奖还是赞赏？

简单地说，当你赞赏孩子的时候，你不仅关注他们的成就或努力，还关注他们看不见摸不着的特质。例如，如果你的孩子钢琴弹得好，你可以欣赏他们甚至提出表扬，但赞赏会使其更上一层楼，因为你是在认可他们通过琴声传递的情感，或是他们对微妙细节的把握，以及他们的节奏感或激情。表扬通常是针对实实在在的表现，因此局限于外表或成就。但赞赏你的孩子，不仅仅局限于他们所做的事或他们外在的模样，而是帮助他们记住自己的本质，以及自己深藏的丰富天赋与才能。

此外，赞赏也能让你感到充实，帮助你牢记自己的基本天性，因为你从孩子身上看到的东西全都源自你。

● 批评还是航线修正？

就像"表扬"一样，批评也是个中性词。批评并不会造成伤害，除非它来自迫害者型父母，因为他们批评孩子的目的是让孩子感觉糟糕，进而自行纠正自己的行为，从而不再惹恼父母。航线修正则源于充满智慧的洞见：每个人都会犯错，孩子经常会反复犯同样的错误，直到从中吸取教训。智慧型父母会帮助孩子看到错误，鼓励他们找出更适当的做法。

父母经常忽略一个要点，那就是批评实际上会强化孩子已有的信念。孩子普遍存在的信念是"我不够好"。如果你不相信，那就请想想你认识的人，然后问问自己："有谁**不是**在努力证明自己的价值或重要性？"所以说，父母批评孩子的时候，就是在告诉孩子"你不够好"，而孩子内心深处早已相信这一点。

航线修正通常需要父母投入时间、保持耐心，而正如前面提过的那样，批评只需要父母无意识地发怒，或是因为孩子的行为反映了自己脆弱的一面而心烦意乱。你批评孩子身上的某个方面，正是批评自己身上的那个方面。你从来没有用健康的方式应对过它，而是把它藏起来，否认它，试图证明自己并非如此。总之，迫害者型批评就像一剂毒药，对你和孩子的伤害一样大，甚至对你伤害更大。

● 给出建议还是提供咨询？

很多情况下，我们给出的建议往往是这样的：要么我们自己无法遵循，要么听取建议的人当时无法遵循。告诉别人该怎么想、怎么做、怎么说、怎么看并不难，但通常来说，我们给出的建议都不切实际。例如，告诉孩子**应该**开心，**应该**更努力，**应该**有更多朋友。通常来说，这些"应该"唯一能达到的目的就是给孩子更多压力，强化他们的核心信念——"我不够好"。我明白，这是父母无意识地想传递给孩子的讯息，好让他们通过某种方式自我改进，但"应该"并不是健康的励志话语。[1]

提供咨询需要父母大量地倾听，而倾听本身就对孩子有帮助。通过倾听，你可以更全面地了解孩子想要什么，是什么阻碍了他们达成目标。有时候，孩子不做作业或不肯上学，是因为生活中其他领域出现了在他们看来更重要的问题，比如，遭到霸凌的孩子或被切断重要关系的孩子，可能会因为分心而无法集中精力学习。生活中经常会发生孩子弄不懂的事，当那些事发生的时候，富于同情心的父母会倾听孩子的心声，给出充满智慧的洞见，而不是建议。这有助于孩子弄清情况，找到他们所需的支持。在本书第十三章中，

---

[1] 你应该用这个词吗？它是否导致你效率降低，让你觉得被困在糟糕的工作、亲密关系或形势之中？请当心这个词！

当你特别想说"应该"的时候，无论是对自己还是对别人说，请把"应该"改成"可以"。

摒弃对自己说"应该"，能让你持续掌控自己的命运。

摒弃对别人说"应该"，能防止让你产生不适当的特权意识，那种意识会在你的内心乃至人际关系中引发愤怒。

我将简要概述为孩子提供咨询的基本步骤，所有父母都可以依照那些步骤采取行动。

● 以惩罚作为威胁还是指出选项？

我曾在这一领域屡屡失败，后来，这却成了我在走向情绪成熟之路上取得进展的重要指标。每当孩子没有做我要求或期望他们做的事时，我就会威胁他们说"不然就等着瞧"——上床睡觉去，**不然就等着瞧！**起床上学去，**不然就等着瞧！**把房间打扫干净，**不然就等着瞧！**也许你觉得这没什么大不了，但我经常发出类似的威胁，因此感觉自己像个恶霸。我知道，在孩子看来，我威胁要施加的惩罚实在太过火，跟他们做的那点小事完全不成比例。我总是按照自己的日程表或期望值管理他们的生活。而且，由于我不得不用责任或义务填满自己生活中的每分每秒，我也经常逼着孩子背负同样的重担。

但信不信由你，孩子的天性其实并不适合接受专制独裁统治。孩子希望别人能告知他们或做出解释，让他们理解为什么要那么做。他们想知道，为什么自己不想上学的时候必须去上学，为什么自己还困着的时候必须起床，为什么自己根本不困的时候必须去睡觉。但由于我总是按照日程表做事，觉得没时间解释我为他们做的所有决定背后的理由。有一天，我突然意识到，我花了很多时间跟孩子争吵，劝说、胁迫、威胁他们，却认为没时间跟他们讨论可能的选项或自然后果。我甚至买过一本讲如何让孩子配合的书，却从来没有读过，因为我没时间！这让我想起了曾经看过的一幅海报，上面写着："总是没时间第一次就做对，却有时间一次又一次做错。"

　　我想举一个例子，说明上述两种做法之间的区别。每天早晨该上学的时候，十四岁女孩易玲都爬不起来，而她十五岁的哥哥礼光总能按时准备好。他们的爸爸高松每天早晨开车送儿女去学校，为了上班不迟到，他必须在七点半前出门。每天早上，他都要经历同样的折磨：先去叫易玲起床，使劲敲她的卧室门，然后用力击掌，告诉女儿，她和哥哥上学要迟到了，他上班也要迟到了。"所以，快起来，我们要走了！"

　　高松回到厨房吃早餐，却无法安心享用，因为他确信易玲又倒头睡着了。他回到女儿的房间，果然，她还蜷在被窝里没起床。他又喊了一遍，在脑子里过了一遍威胁清单，选择今天要发出哪个威胁。

- "我们要丢下你先走了！"
- "我要关你的禁闭！这周末不许出去玩！"
- "你一周不准玩电脑游戏！"
- "我要往你身上泼凉水了！"

　　如果问题依然存在，他还会采取更极端的手段。不过，这一回他选择宣布，不管易玲起不起床，他都会带礼光在二十分钟后离开。听到这话，易玲有些不安。她烦躁地告诉爸爸，只要他离开房

106

间，她就会起床。二十分钟后，高松和礼光坐在车里等着。拖拖拉拉的易玲惹得高松很生气。一想到要丢下女儿先出发，他就感到既烦躁又焦虑。七点三十五分，他发动汽车引擎，开始把车倒出停车位。就在这时，易玲出现了，怀里抱着书包和外套，嘴里叼着煎蛋三明治。开车送孩子上学的路上，高松狠狠训了易玲一顿，指责中夹杂着批评、威胁和最后通牒。他偶尔会停止咆哮，抛出父母能对孩子提出的最没用的问题："为什么？"这个问题在这种情况下尤其没意义，因为当一个人如此愤怒的时候，他绝对听不进也接受不了对方的解释。（我将在本书第十三章解释为什么这是个没用的问题。）于是，全家人开始了全新的一天，爸爸陷入沮丧，女儿看似顽固，儿子则充耳不闻，沉浸在社交网络中。

有一天，高松突然意识到，女儿对自己发出的威胁置若罔闻。易玲总是会睡到最后一刻，这让他早上走进办公室时常常感到沮丧又受挫。高松脑海中突然冒出了一个问题："对我和易玲来说，最好的做法到底是什么？"他决定跟女儿坐下来谈谈，平静地讨论这个问题。当然，易玲最初心怀戒备，犹豫不决，不肯开口。于是，高松先为冲女儿发火道了歉，表示自己不是很成熟，以后会试着更有耐心。随后，他解释说，她和礼光最近每天上学都快迟到了，自己上班也快迟到了，这对三个人都造成了不健康的压力。他接着说，他以后都不会再喊女儿起床，车子每天七点半准时离开，如果女儿没在车上，就得自己坐公交车上学了。说完，他递给女儿一份公交时间表，跟她讨论上学需要坐哪些公交车，以及公交车什么时候会离开站点。他语气平和、慈爱地向女儿保证，坐公交车上学不是惩罚，而是误车的自然后果，这对所有相关人士都更公平。从那天开始，易玲每天都能按时起床，并在七点半前坐上车。前往学校的旅程更加轻松愉快，爸爸和儿女之间的关系也更为融洽。

这只是我的某个咨询案例，并不是放诸四海而皆准的建议。这个例子旨在说明，威胁在大多数情况下都毫无用处，而当威胁被付诸实践后，还会对亲子关系造成损害。造成的损害有的也许会随着时间推移渐渐消失，但并非总能如此。像大多数父母一样，你可能很想取得上述和谐的结果，却由于以下原因无法实现。

- 你觉得自己没有时间；

- 外部压力导致你通过某种无效方式管教孩子；

- 你缺乏耐心，不相信自己在应付孩子时能保持冷静；

- 你对孩子持有某种固有观念，导致你只能以一种方式对待他们；

- 你不想面对自己脆弱的一面，不愿承认你不知道什么才是最有效的行动方案。

如果你从中看到了自己的影子，请意识到，它们都是典型的育儿立场。这种觉知可能会对你有所帮助。然而，如果你陷入了对孩子做出情绪反应的惯性模式，最好问自己一个问题："我对此事的反应是不是对每个人都最有利？"这个问题有助于你做出转变。

育儿原则：

对亲子之间任何问题的回应，都必须考虑到怎么做对孩子
和父母最有利。只有这样，亲子双方才能达成真正的共识。

在易玲和礼光的例子中，高松原本只能想到威胁、说教和惩罚，直到他意识到，他做出的决定源于自己被惹恼了，以及随之而来的沮丧、不耐烦和愤怒。他的所有决定都是情绪反应，并没有考虑怎么做才对家里每个人最好。后来，高松通过向易玲指出上学方式的各种选项，让她为自己选择睡懒觉负责，帮助女儿迈出了走向成熟和成年的重要一步。

● 要求服从还是争取协作？

孩子似乎一直存在两面性，这伴随着他们的成长与发展。一方面，孩子表现出对父母的服从，因为他们需要安全和保护，也相信父母能教会他们了解周遭世界；另一方面，他们不断试探自己的行为边界，以及权威人士为他们设定的规矩和限制。这给父母带来了巨大的挑战，因为父母需要智慧来辨别什么时候适合拓展孩子的视野，帮助他们成长和学习，什么时候需要"为了孩子好"而施加限制。由于孩子拥有与生俱来的好奇心，他们总想了解并且询问为什么父母要定下某些规矩。而父母常常会懒得解释，直接脱口而出："我说了算！这就是为什么！"另一种常见的说法

是："我是你妈（你爸）！你竟然敢跟我顶嘴？"

向孩子解释你施加限制的理由，帮孩子意识到定那些规矩是为了他们好，尽管做起来比较花时间，但从长远来看，能够奠定亲子协作的基础，使育儿过程更加轻松顺畅。

再说回前面提过的故事，也就是我叫儿子别把蘸了花生酱的餐刀伸进蜂蜜罐。我意识到，我父亲觉得没必要向我解释这条禁令，只希望我乖乖遵守，而我也在儿子身上重复了这个错误。我本可以帮助孟禅了解为别人着想的重要性，养成良好的食物制备习惯，并学会如何在生活中其他领域做决策，但我错过了这样的好机会。

协作会让你和孩子站在同一战线上，这能满足孩子的归属感，而归属感是所有亲密关系发展的核心，而要求服从则只会强化隔阂感。孩子可能会觉得，自己是为了避免惩罚并获得归属感，才被迫服从的。他们还会认为，归属感对自己比对父母更有意义。这么想的孩子会感到极度不安。

● 打击还是鼓励？

如果孩子觉得自己对你很重要，拥有安全感和归属感，他们就会感到备受鼓舞。如果他们觉得自己对你不重要，缺乏与你紧密相连的感觉，他们就会感到受挫。归属感和重要性（也就是鼓励）是孩子生活中的基本要素，对成人来说也是如此。因此，你大概会认为，在"打击"和"鼓励"之间该选哪一个，答案再明显不过了。为什么会有父母想让孩子受挫？好吧，没有父母会刻意这么做，但出于以下两个原因，这种事每天都在发生。第一个原因是，孩子内心对归属感和重要性的需求永无餍足。每当孩子表达出上述需求却没能得到满足时，他们就会感到受挫。当他们越来越明确地表达出上述需求，却仍然没能得到满足时，受挫感就会加剧。未得到满足的需求会导致偏差行为[1]，具体如下：

- **吸引关注；**
- **权力斗争；**
- **报复；**
- **自暴自弃[2]。**

上述几类行为通常会惹恼你，或是引起你的焦虑。你很容易将它们视为孩子"不乖"或"不对劲"的迹象，进而做出情绪反应，加剧孩子的受挫感。

你选择打击而不是鼓励孩子的第二个原因是，由于安全、控制、防卫与操纵区持续存在，你的选择和行为是无意识地被触发的。一般来说，安全、控制、防卫与操纵区不会让你意识到"鼓励"这个选项，尤其是在跟孩子发生冲突的时候。它只会让你觉察到两个无意识的选项——激活拯救者型父母或迫害者型父母。有些

---

[1] 我用"偏差"（misguided）形容这些行为，是因为它们没有达到孩子努力追求的结果，也就是体会到归属感和重要性。

[2] 简·尼尔森在《正面管教》一书中称这些为"错误目的"（misplaced goals），导致第四个目的的错误观念是"相信自己不够格"。在本书中，上述术语反映了孩子为满足需求而采取的不良行为。

父母会时而表现为"拯救者"，时而表现为"迫害者"，具体取决于当时的心境。

有时候，尤其是当你感到焦虑的时候，你会压抑自己的不安情绪，并试图通过恳求、讨价还价、故意打趣来改变孩子的行为，或是通过其他方式让孩子摆脱当下的情绪状态。这些都是你在做出牺牲，因为你向孩子的行为或态度让步了。如果你晃到"钟摆"的另一端，表现为"迫害者"，你就会无意识地放纵自己的脾气，试图惩罚孩子，好让他们感觉糟糕和（或）害怕。"拯救者"或"迫害者"的程度取决于问题在你看来有多严重。

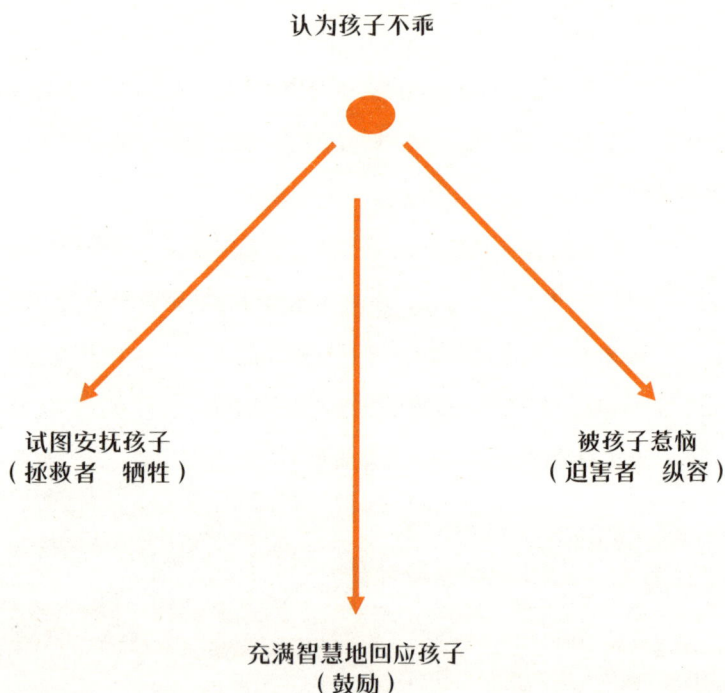

认为孩子不乖

试图安抚孩子
（拯救者　牺牲）

被孩子惹恼
（迫害者　纵容）

充满智慧地回应孩子
（鼓励）

孩子也存在与你对应的"钟摆"，如下图所示。

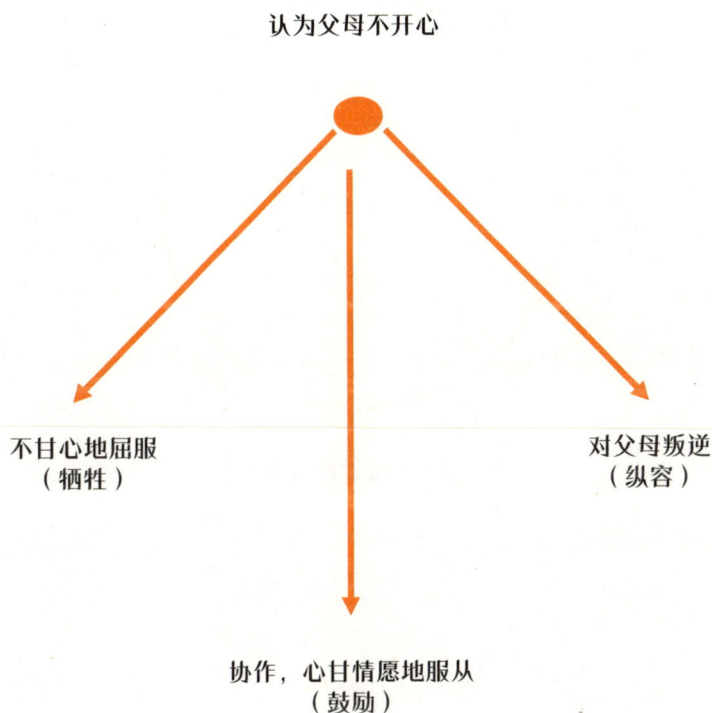

认为父母不开心

不甘心地屈服
（牺牲）

对父母叛逆
（纵容）

协作，心甘情愿地服从
（鼓励）

　　如果你在回应孩子偏差的行为时，无意识地采用了典型"迫害者"或"拯救者"的打击做法，可能会加剧孩子的受挫感，因为他们对重要性和（或）归属感的需求没有得到满足。孩子的行为可能进一步触发你的情绪反应。这就意味着，你很可能会发现自己陷入了惯性模式或原地兜圈，具体如下图所示。

```
                    ┌──────────────────┐
                    │  父母被孩子的偏差  │
                    │     行为惹恼      │
                    └──────────────────┘


┌──────────┐                              ┌──────────┐
│ 孩子的偏  │                             │ 父母无意识 │
│ 差行为    │                             │ 地做出反  │
│ 增加      │                             │ 应——拯救 │
│          │                             │ 者或迫害者 │
└──────────┘                              └──────────┘


                    ┌──────────────────┐
                    │  孩子的受挫感加剧  │
                    └──────────────────┘
```

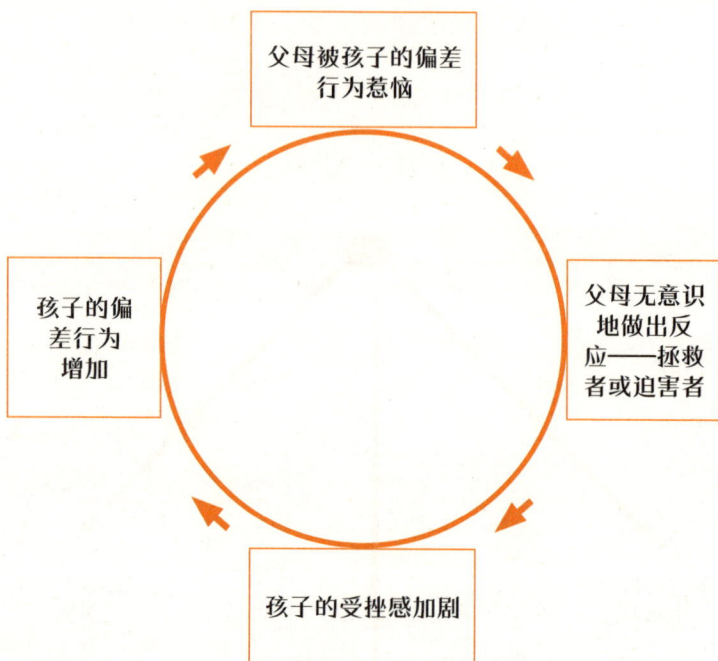

　　反之，你如果选择"鼓励"，就会先审视自己的内心，以便识别孩子的体验。根据孩子偏差行为的类型，你可以在"钟摆"开始摇晃之前及时制止自己。

- 吸引关注（父母感到恼火、心烦）；
- 权力斗争（父母感觉受到挑战）；
- 报复（父母感到极度震惊、痛心）；
- 自暴自弃（父母感到无力、无助）。

一旦你识别出自己的情绪，就能识别出孩子采取的是哪类偏差行为。

我的孩子还小的时候，我读过的大多数书籍都没有指出，我可以通过审视自己来理解孩子的动机，因为那些书几乎只关注孩子。其中为数不多的几本会接着建议我，如何在深入了解孩子真正需求的情况下跟他们打交道。但没有一本书建议我首先要对自己的感受负责，并在对孩子做出回应之前，先适当应对自己的感受。对我来说，这是很关键的一点。身为父母想要成长，光靠学习如何应对孩子还远远不够。父母的成长是靠走向情绪成熟，其中就包括学习识别自己的感受，觉察到是哪些感受导致你采取不当或无益的行为，在应对孩子之时或之前先应对自己的感受。你会发现，孩子由于受挫采取的行为会触发你的脆弱感，让你有机会有效回应自己的感受。这有助于我们走向情绪成年，也有助于我们学习减少情绪反应，增加对孩子的鼓励。

既然谈到了"鼓励"，我想指出一点：鼓励并不是拯救者型父母的特征。拯救者型父母或多或少都倾向于做出牺牲，他们只是通过化身为啦啦队队长、吹捧者、正向思考的激励者或问题解决者，采取了模仿"鼓励"的行为。

在降临人世之初，孩子会依赖你，视你为鼓励的源泉，因为你会向他们做出保证，确保他们拥有重要性和归属感。但由于需求的本质就是永远无法得到满足，随着孩子渐渐长大，光是你做出保证

115

已经不够了。他们会去外界寻找自己的重要性和归属感。这就是为什么教会孩子自我激励如此重要，而这么做的前提是你有过自我激励的体验。

● 拒绝认错还是接纳学习过程？

我们都知道自己并不完美，在学习做任何事的过程中都会犯许多错误。因此，为什么当孩子努力掌握在世间游走的艺术时，父母却喜欢在旁指手画脚，还容易不耐烦？孩子不光要学习吃饭、穿衣、保持卫生，还必须学习应对各类情绪问题，例如失望、失败、别人的看法、友谊破裂，还要在学术、体育或其他活动中挣扎煎熬——这些都是生活中常见的坎坷起伏。

生活本就已经够艰难的了，孩子还会做些事让它变得更难熬，其中之一就是通过犯错惹恼你。孩子当然会犯错，但他们不需要你的帮助，也不需要任何人的怪罪，导致他们变得害怕犯错，因为犯错是学习过程的重要组成部分！

问题在于，错误会揭示出一个人的局限性或弱点，由于"迫害者"厌恶弱点和局限性，因此迫害者型父母很容易对孩子大发雷霆，除非你能及时制止自己的这种冲动。但即使你制止了"迫害者"，"拯救者"又会蹦出来，试图替孩子纠正错误，或是在孩子自责时催他们振作起来。引导孩子从错误中汲取经验，有助于培养他们的决心和耐心，使他们学习起来更高效，甚至从中得到享受。但如果作为家长的你无法接受自己的错误和脆弱的一面，你就很难甚至不可能做到这一点。

　　说到犯错，制止"迫害者"和"拯救者"强迫行为最有效的方式就是做孩子的榜样。孩子自从意识到你的存在，就一直在观察你。他们甚至会模仿你的许多行为和态度，表达对你的依恋。当然，他们长成青少年后，会抗拒很多从你身上学到的东西，但绝不会放弃真正对他们有价值的个性特征。你向他们展示的智慧、同情心、善解人意、赞赏或爱，都会给他们留下持续终生的烙印。你以成熟智慧的方式应对错误，会对孩子影响深远，让他们勇于面对人生中的巨大挑战。如果没有这样的榜样供孩子效仿，他们就会模仿你采用的求生方式，借助"迫害者"或"拯救者"应对挑战。不幸的是，孩子没法从上述两种强迫性倾向中学到任何东西，只会不断重复以前犯过的错，直到最终醒悟，决定修正航线。

　　在这里，我想强调一点：即使航线修正也不是完美的。比方说，我划着独木舟朝湖中一座小岛前进，而独木舟的船头不断偏离目标。这就意味着，我需要不断进行航线修正，直到抵达目的地。而我也正是这么做的。

　　● 批判弱点还是识别投射？
　　孩子存在一些我不喜欢的个性特征和处事态度。[1] 我确定，我

---

[1] 当然，我身上也有很多他们不喜欢的地方！

父母也不赞成我的许多方面，因为他们毫不犹豫地说了出来。通过与其他父母交谈，我开始考虑一种可能性：在我工作的领域，这是普遍存在的体验。也许你早就注意到了，孩子的某些行为、表现、态度或举止让你感到不喜甚至鄙夷。

人们普遍认为，如果他们不喜欢别人的某个方面，那是因为对方有问题。我们通常会保持沉默，不会说出对别人的看法。但对自己的孩子，我们则会直言不讳。父母如果批判孩子身上的某些方面，就会期望孩子加以改变，或者积极地逼孩子做出改变。通常来说，父母会批判孩子的某个弱点、缺陷，或是认为社会无法接受的东西。[1] 很少有父母意识到，自己身上也存在那个弱点、缺陷或社会无法接受的东西。你批判孩子身上的那些东西，通常正是你自己藏起并否认的东西，这就是"投射"的基础。"投射"是心理学家荣格最先在西方世界提出的理论。

承认并融合自身投射的奇妙之处在于，当你在亲子关系中做到这一点时，能让亲子双方都朝着情绪成熟迈进一步！对我来说，融合投射是我人生中最重要的体验。在别人身上看到你不喜欢的东西，然后认识到自己身上也存在，这是个巨大的进步。不过，平静地接受自己的那个部分，进而融合那种认知，需要极大的意愿和决心。这就是我所说的"超然体验"。我跟自己的许多投射打了很多

---

[1] 我遇见过许多父母来访者，他们认为孩子内向是坏事，孩子永远不会因此茁壮成长，也无法在生活中取得成功。他们错了。

年交道[1]，其中一些也许这辈子都无法彻底融合。但我在融合过程中迈出的每一小步都很有意义，有时还非常美妙。我想举一个例子，说明我在育儿过程中是如何投射，又是如何应对的。

孟禅四岁的时候，每次吃东西都弄得乱糟糟。他吃鸡腿的样子总是惹得我很恼火。他不断把黏糊糊、油腻腻的小手在 T 恤上抹，无视摆在旁边的餐巾，甚至会把手伸进衣领，掏出里层的布料，当作巨大的餐巾来用。虽然我太太一点也不在意，但我简直是厌恶到发狂。最后，我终于忍不住了，站起来扒掉了他的 T 恤，希望他能明白这个道理。可是，他只是继续低头啃鸡腿，然后伸手往裤子上抹了抹！最后，我开始思考他的做法到底是哪一点让我如此恼火，以致要冲他大吼大叫。显然，在素梅看来，他做的并没有错。因此，那肯定跟我的个人经历有关。有一天，我终于恍然大悟：我从儿子的行为中看到了自己的影子。

我小时候家境贫寒，热水是我父母难以负担的奢侈品，所以我经常肮脏不堪，上床睡觉时双脚黑乎乎，两手脏兮兮。我母亲为此深感羞愧，经常训斥我，或是向我投来厌恶的眼神，因为我实在是太脏了。我很难为情，总觉得别人看我的眼神像我母亲。后来，我一直觉得自己手很脏，哪怕洗过以后也是，仿佛困窘的污垢烙在了我身上。这成了我的自我形象（self-image）的主要特征。我十四

---

[1] 那是因为我学东西一向慢腾腾。

岁开始赚钱以后，试图埋葬或洗刷掉这一特征，甚至有个阶段一天洗三遍澡。最终，我不再觉得手上有污垢，那个自我形象似乎消失不见了。但事实上，它只是藏在构建完善的安全、控制、防卫与操纵区底下沉睡。

孟禅把油腻腻的小手往 T 恤上抹，勾起了我内心深处那个又穷又脏的小克里斯多福。作为迫害者型父母的我看到这个投射，做出了咄咄逼人的反应。但一旦我意识到自己应对的是投射，也就是"阴影人"（shadow figure）[1] 时，我就会抽出时间去面对它，通过接纳、觉察和赞赏，走上融合过程。我不再苛责孟禅的做法，而随着时间的推移，他也渐渐学会了用餐巾。

批判孩子很容易，承认你对孩子的看法是自己的投射则要难得多。你从孩子身上看到的东西，正是你一直抗拒的自己的某个部分。关于"融合投射"，有一个知识点可能会对你有所帮助：每当你融合某个投射时，你美妙本质的某个方面就会回归，你也会看到它从你孩子身上浮现出来！

---

[1] 诗人兼作家罗伯特·勃莱（Robert Bly）形容影子是"我们每个人都背负的隐形袋子"。在成长过程中，我们会把自己不被家人和朋友接纳的方面都放进袋子。勃莱认为，我们用人生的前几十年装满袋子，余下的时光则试图找回自己放进袋子的每样东西，努力减轻自己背上的负担。大多数人都害怕面对和接纳自己的阴暗面。

　　你也许听过下面这个故事：有个部落酋长说，自己体内有一匹和平之狼，还有一匹斗争之狼。哪一匹狼长得更强壮，取决于他喂养哪一匹。同样，每个父母内心都有两种父母：一种是无意识的、情绪不成熟的，一种是智慧型的、情绪成熟的。第一种父母会试图操纵孩子，让孩子去实现父母的期望；另一种父母则会引导孩子，让孩子充分发挥自己的潜力。你的孩子会拥有哪种父母，取决于你鼓励自己成为哪种父母。

第九章

克服亲子两极分化

✳

　　正如我在前面多次提到的，改变你的无效行为之所以困难，是因为它们是对危机或问题的**无意识**情绪反应，孩子**看似**是危机或问题的根源。在这种情况下，除非发生某些事件，使你从无意识的恍惚状态中醒来，否则你就会一直沉浸在负面情绪中，直到爆发出无效行为，而这通常发生在你的负面情绪耗尽之际。很少有人能连续几周保持沮丧或不耐烦，因为人体无法持续承受压力那么久。哪怕是连续几个小时感到不耐烦或沮丧，也是很难受的体验。通常来说，当情绪达到顶峰时，父母就会通过发怒宣泄出来，或是找到其他解压方式。

　　初为人父的时候，我除了用愤怒宣泄体内的压力，还有很多应对方式，包括冲出家门暴走，向太太抱怨儿女的不当行为，或是躲进卧室里看书分散注意力。我确实有几次试图靠啤酒或葡萄酒来缓和情绪，但我发现，沮丧、失望或焦虑的时候最不适合喝酒，因为那只会让我更容易放纵怒气。无论我用什么方式缓解不适，都会把自己无意识的反应归咎于孩子，因为我确信是他们的行为导致了我的不适。当情绪达到顶峰，通过发怒宣泄出去以后，我又会感到糟糕透顶，为再次陷入熟悉的行为模式而自责。

有一次，女儿对我说话，我觉得她的说话方式不对。我突然很好奇，我的某个朋友会怎么做。我想象她会这么想："这只是孩子的必经阶段，没必要生气。保持冷静就好。"接着，我想象另一个朋友说："她觉得自己被忽视了，想要吸引你的关注，就是这样。听她说下去就好。"当我从不同角度观察孩子的行为时，脑海中浮现出了各种人的各类意见。

- "她是个小浑蛋——让她回房闭门思过去！"
- "她竟敢这样跟爸爸说话，应该被揍上一顿！"
- "她不开心，仅此而已。对她宽容点吧。"
- "她还是孩子，只想被人爱。给她个拥抱吧。"
- "她太不尊重人了！你得让她知道这个家里到底是谁做主。"

这些不同年龄、不同成熟度的人，对孩子行为的看法截然不同。哪种意见最正确？这并不重要。对我来说，真正重要的是我自己怎么看。假设我在前面提到的"问题都是不好也不坏的中立状况"适用于这个例子，我就不得不扪心自问：孟明的做法到底有哪点让我不舒服？这就要说到极性模型（polarity model）了。

极性模型最初由心理学家荣格提出，我在他的模型基础上稍做修改，展示了处于亲密关系中的双方在特定情形下如何采取互补（虽然经常被视为相反）的立场。除特定情形或事件外，处于密切关系中的双方通常会站在两个极端。你可能已经猜到了，我关注的几个极端都与亲子关系有关。[1]

[1] 向哈巴团队致以最深的谢意，感谢大家帮忙修改了荣格的极性模型。团队成员包括刘亚东、蒋竹怡、阎婧、董芳、陈大厦、马莉、肖梦娜和雷内·费布拉罗。

父母

正向独立型

情绪抽离 / 对他人感受漠不关心
希望不开心自动消失
喜欢说教 / 给出建议
拯救他人
宠坏孩子

基本天性

爱开玩笑、风趣、激励他人、极具魅力

负向独立型

容易发火
难以取悦
毫无耐心
无法忍受犯错
爱批评 / 挑剔
可能施虐（身心两方面）

基本天性

富于同情心、观察敏锐、洞察力强

孩子

正向依赖型

容易吓坏，易被虐待
心不在焉
易犯愚蠢错误
积极寻求关注
急于讨好他人

基本天性

温柔、迷人、热心、体贴

负向依赖型

喜怒无常
缺乏自信
容易受挫
顽固叛逆
悲观主义
喜欢抱怨

基本天性

关心他人、善解人意、温暖、抚慰人心

父母由于扮演照料者、养家者的角色，通常被视为独立方，而孩子作为需要受庇护、受照顾的人，则被视为依赖方（当孩子进入青春期，变得越来越独立后，这种情况会发生改变）。孩子和父母都可以是正向或负向的。每个人都更喜欢积极正向，希望对方也是如此，但总有一方更倾向于正向，一方更倾向于负向，只是程度有所不同。

这种动态关系的有趣之处在于，当遇到危机时，无论处于哪一极，双方会同等紧张。请想象一下，模型中心点的黑圈代表亲子之间理想和谐的状态。再想象一下，一方离这个中心点越远，他们就越有可能偏差，或者说是不管用。负向独立型父母如果离开中心点30%，可能会对孩子进行轻微的批评或消极的挑剔；如果离开中心点85%，则更有可能发出严厉的批评、暴跳如雷，甚至对孩子进行残酷的虐待。他们离中心点越远，行为（或不作为）就越极端。

同样，面对负向的父母，孩子也会离自己的中心点同等距离。离开中心点30%的时候，孩子可能看起来有点心不在焉，容易忘事，或是暂时沉浸在白日梦中，对父母说的话左耳进右耳出；离中心点85%的时候，孩子可能会显得过度焦虑，回应父母时极其紧张。在负向的父母看来，孩子的做法显得急需抚慰，令人厌恶。孩子就像在父母腿边蹿上蹿下的焦虑小狗，父母则像手持鞭子的愤怒暴君。

这个模型指出，你如何看待孩子，取决于你离自己的中心点或基本天性有多远。你越接近自己本质的智慧、善解人意、思维清晰，就越有可能看见孩子的基本天性，**哪怕他们完全依据情绪采取行动**。

重读上一段的最后一句话时，我意识到，我们将接触到"个人当责"领域的一些高端原则。哪怕如今我的儿女已经长大，生活在离我很远的地方，我依然在消化那些原则的含义。从孩子还很小的时候，我就开始运用上述极性育儿模型，那就像踏上未经探索的荒野，为后人绘制地图。至今我仍会惊讶地发现，自己经常忘记这个极其简单的洞见。

育儿原则：

你会根据你选择的一极，以及离自己中心点的距离，来感知孩子的行为、语言和外表。

你的孩子并不懒，但如果你固守在远离自己基本天性的位置上，你就可能会认为孩子很懒。你可能会隐约觉察到，孩子似乎总是窝在房间里，却没有意识到，你已经站在了正向独立型的立场上，无法为孩子提供情感支持。你如果感觉孩子似乎不开心，为此隐约感到恼火，觉得有必要让他们开心起来，就可能丝毫没有觉察到，你已经远离了自己与孩子的感受。一切都始于父母。为什么？因为父母才是读这本书的人！也因为这就是育儿当责的运作方式。

作为实践育儿当责的父母，我们不是对孩子的行为负责，而是为自己对孩子行为的感知、批判和情绪反应负责。如果我们的反应是麻木或抽离，那很可能是因为我们在抗拒孩子行为引发的不适感，将它们视为"孩子耍的小把戏"而抛在脑后。我们甚至可能嘲笑孩子太傻，同时压抑自己为此感到的焦虑。但我们的一切行为都与自己的感知有关，也与我们给孩子行为赋予的意义有关。

正如所有个人当责一样，育儿当责之所以如此困难，是因为一切似乎是逆向发生的。我们原本感觉棒极了，直到孩子说了、做了或忽略了什么，我们突然被触发了。但我们在觉察到自己被触发之前，就已经做出了反应，这要"归功"于安全、控制、防卫与操纵区的无意识运作。我喜欢把这一区域比作家庭防盗系统——如果有人闯入，它就会拉响警报。你不需要在家，甚至不需要在同一个国家；无论你在不在，警报系统都会发挥作用。孩子在本该准备上学的时候还在睡懒觉，你的安全、控制、防卫与操纵区就会被触发，使你开启愤怒模式，怒火不断攀升。你意识不到你感到无力，在对自己的脆弱做出反应，也意识不到你感到沮丧、不耐烦、焦虑或失望，甚至觉察不到你有多么愤怒——你的全部关注焦点都集中在孩子床上隆起的被窝上！

但根据当责原则，无力感会慢慢浮现，渐渐进入你的觉知。正是它触发了你内心的警铃，哪怕你的防卫系统试图压抑那种感觉。接下来浮现的是你对孩子睡懒觉的感知，并随之做出反应。但让我们面对现实吧，你根本没必要发怒。愤怒并不是应对问题必不可少的工具。事实上，父母试图管教或指导孩子（就育儿当责来说，指导和管教是同一件事）的时候，没有哪种情绪是必不可少的。

因此，如果你能接受"情绪反应并非必要"这个说法，也许你就会愿意更进一步，考虑孩子所谓"偏差的行为"是为了帮你意识到自己的内心活动。事实上，孩子的行为就像一面镜子，反映出你当时内心的情绪过程。从这个意义上说，极性模型是宝贵的工具，有助于你将外部问题或冲突内化。

让我们来举例探讨一下。妈妈在卧室里找手表。她又一次顺手乱放，结果找不到了。这时，九岁的小约翰尼进了家门，走向自己的房间。

"约翰尼，"妈妈大喊，"你挂好外套，放好鞋了吗？"

"都放好了。"约翰尼答道。

找到手表后，妈妈走出房间，看见儿子的外套和鞋子都丢在客厅地板上。这种事以前发生过好几次，因为约翰尼总是心不在焉。

"约翰尼！"妈妈沮丧地大吼，"你把它们丢在地上了！"

"噢，"男孩小声回答，"我还以为都放好了呢。"

妈妈大吼起来，叫儿子马上来客厅，把外套和鞋子放回该放的地方。约翰尼一边放外套和鞋子，妈妈一边训斥他，叫他好好做该做的事，别老是呆头呆脑的。

这个时候，妈妈如果突然停下，思考自己在极性模型的框架中是如何看待儿子的，就会意识到，她把儿子放在了正向依赖型的立场上，远离他的中心点（位于中心点的他会更加勤奋专注）。这表明，妈妈处于负向依赖型的立场，带着不耐烦和批评采取行动。她或许觉得，为了让小约翰尼乖乖听话，自己唯一能做的就是发怒。她不会反思这样一个事实：约翰尼粗心大意乱扔衣服已经形成了一种行为模式。

假设妈妈及时觉察到了自己的反应，意识到她对约翰尼行为的看法反映了自己的立场，阻止自己的批评态度占主导地位，她接下来会怎么做？认知行为矫正法（cognitive behaviour modification）[1] 通常是很好的第一步。不过，妈妈也可以探索自己的情绪动机，她可能会发现，自己愤怒的表层下存在受挫、失败或不配的感觉。

你可能会问："为什么她在那个时候会有这些感觉？"谁知道

---

[1] 认知行为矫正法（CBM）通过改变自我暗示和人生叙述，促进积极正向的行为，进而得出结果。

梅琴鲍姆（D. Meichenbaum）博士因其著作《认知行为矫正：综合方法》（*Cognitive-Behavioural Modification: An Integrative Approach*）闻名于世。该书使来访者有能力控制自己的消极自我暗示和信念。仅仅通过改变内在对话，就能让来访者重获掌控，得以改变自己的行为。

呢？也许她受挫是因为自己经常顺手乱放东西，结果总是找不到；也许她与丈夫、父母或公婆发生了争执，在儿子回家前就已经很不开心了。你需要意识到很重要的一点，那就是**人类时时刻刻都有所感受**。无论我们有没有觉察到，感受都存在于我们的内心。有些感受令人愉悦，有些则截然相反。我们终其一生都在追求愉快的感受，避开或抗拒不愉快的感受。每当约翰尼做的某件事触发了妈妈的情绪时，妈妈都需要意识到，她对儿子的那种不愉快的感受，已经在自己体内存在了很长时间，甚至在孕育约翰尼之前。她如果能对自己的感受负责，就能以健康的方式回应自己内心不愉快的体验，那种体验就不会干扰她与儿子沟通。本书第十章将介绍如何有效应对这些不愉快的感受。接下来，我会举几个比较简单的例子，解释如何根据妈妈对约翰尼的感知，判断妈妈处于哪个象限。

- 妈妈担忧不已，因为约翰尼很伤心，没有朋友跟他一起玩。妈妈四处打电话，试图给约翰尼找玩伴（约翰尼属于负向依赖型）。

- 约翰尼情绪低落，坐在餐桌前静静拨弄盘中的食物。爸爸叫他振作起来，想想他的生活有多美好（约翰尼属于负向依赖型）。

- 约翰尼喋喋不休地说着学校里发生的琐碎小事。妈妈冲他发火，叫他安静点，因为她正在看新闻（约翰尼属于正向依赖型）。

- 爸爸监督约翰尼做数学作业，但约翰尼一头雾水，听不懂爸爸的解释。爸爸对他大发雷霆，骂他又懒又笨（约翰尼属于正向依赖型）。

在上面的例子中，我指出了孩子所处的象限，请你总结父母所处的象限。请记住，父母是被自己对孩子的感知所触发，才采取了属于相反象限的情绪化行为。不过，父母并不经常审视自己的行为，而当他们审视的时候，往往会把孩子视为问题所在，进而为自己辩护。我在下面列出了四个基本问题。如果你足够幸运的话，在发现自己陷入无意识的强迫行为后，会记得向自己提出下列问题。

- 我现在如何看待（批判）孩子？我把他们放在哪个象限？
- 我站在什么立场（哪一极），导致我这样看待孩子？我处于哪个象限？
- 从我反应的剧烈程度来看，我离自己的中心点有多远？
- 我的真实感受是什么，是什么导致我出现了这种反应？

当你凭借直觉或有根据的猜测回答上述问题后，你就可以直面"远离自己的中心点"这个问题，并通过"走过程"加以克服。这对你来说是个巨大的挑战，但孩子值得你这么做。

最后要强调的一点是：正如我前面提到的，极性模型总是把父母摆在"独立"的一极，但随着孩子进入青春期，越来越要求个人独立，双方的位置很可能会发生变化。尽管如此，基本原则还是贯穿始终。你觉得孩子有多任性，离他们的中心点有多远，你就离自己的中心点有多远。

第十章

父母"走过程"

✳

　　馨然接到儿子所在学校的校长打来的电话，说十五岁的海晏又被逮到在物理课上玩手机看抖音，他这门课肯定及不了格。馨然去学校接儿子，一看见儿子脸上熟悉的表情，就想一巴掌扇过去。她训斥儿子的时候，儿子抛出了无力的借口："大家都这么做！老师只找我的碴！我不喜欢物理，我又不需要它！"馨然狠狠训了儿子一顿，但过了一会儿，她发现儿子虽然缩在一边，但一脸"放空"的呆滞表情。儿子的眼神告诉她，他已经陷入了白日梦。这令馨然更是气不打一处来。她拍了儿子的肩膀一巴掌，冲他大吼大叫，叫他注意听。当然，这导致海晏从身体到心灵都离妈妈更远。

　　母子俩回到家后，海晏缩回了自己的房间，馨然则坐在沙发上发呆。突然，她想起了向自己提出下列问题：

- **我现在如何看待（批判）海晏？回答：他是个又懒惰又软弱的男孩，只想活在自己想象的世界里，不想长大。**
- **我站在什么立场（哪一极），导致我这样看待他？回答：我成了负向独立型父母。**

- 从我反应的剧烈程度来看，我离自己的中心点有多远？回答：很远，真的离它很远。
- 我的真实感受是什么，是什么导致我出现了这种反应？

最后一个问题真的很难回答。因为感受会引导我们看见自己的脆弱之处，也因为我们不想感到脆弱，所以很多人难以识别自己的真实感受。愤怒、沮丧、不耐烦、失望和焦虑，都是父母与孩子发生冲突时最常见的体验，但其实这些都不是真实感受。失望更多是一种态度，源于没有得到满足的期望，其余四种则是所谓次级感受或次级情绪。安全、控制、防卫与操纵区会利用它们来驱散或宣泄我们体内的不适，缓解令我们不愉快的压力。

然而，它们并不是应对自身脆弱的有效手段。在现实生活中，它们会造成情绪上瘾。早在数十年前，人们就了解到，沉湎于愤怒只会迅速引发更多怒气，形成不健康的行为模式。[1] 沮丧、不耐烦和焦虑也是如此。一旦我们沉溺其中，依赖它们活着，它们就会成为我们身份认同的一部分，我们则会成为它们的仆人——或者更准确地说，成为它们的奴隶。这就是为什么馨然很难回答第四个问题。那么，让我们把问题简化一下。

---

[1] 施皮尔贝格（Spielberger）是研究愤怒及其表现形式的知名权威。他将愤怒定义为一种向外表达的、压抑的或受到控制的情绪状态，激烈程度有所不同，从温和的恼火到愤怒和狂暴，不一而足。愤怒特质表现为频繁感到恼火，持续时间较长，生理唤醒和消极表达程度较高（例如，批评、侮辱或与他人争吵）。

几乎所有的人际冲突或问题背后，都存在三种常见的人类体验：不配、被抛弃和心碎。通常情况下，其中一种会最为突出。身为亲密关系咨询师，我和来访者经常遇到这种情况："不配"作为促成伴侣不管用行为的主要驱动力，导致伴侣产生分居或离婚的想法。但陷入冲突的伴侣很少意识到这一点，也不知该如何应对"不配"的感觉。

我将被抛弃、不配和心碎这三种体验称为"三道门"，因为它们会开启你的真实感受。以馨然为例，假设她对第四个问题的回答是"我觉得自己不配"——当然，她可能会用"不够好""很失败"或"像个坏妈妈"等说法替代"不配"。这些词语并没有直接描述她的感受，但是开启了通往更深层人类体验的大门。

接下来，馨然不再专注于应对儿子，而是先聚焦于自己的情绪反应。这种做法被称为"自我调节"或"自我安抚"，但我称之为"走过程"。从"不配"开始，馨然可以让自己的意识沉入内心深处，识别出一种主要感受，也可能不止一种。刚开始学习"走过程"的时候，通常最好只关注一种感受。为了便于做这个练习，假设是无力感让馨然相信自己不够好。她意识到，自己感到无力帮助（或是逼迫）儿子改变在学校里的态度和行为。尽管她用尽了各种方法，包括消极和积极的，但她就是没法跟儿子沟通。

馨然甚至可能更进一步，意识到自己一生中常常感到无力。她的脑海中可能会浮现出模糊或清晰的儿时画面,那些场景让她觉得自己不是合格的女儿,无法让父母一方或双方感到满意。那些画面可能会帮助馨然与无力感建立更深的联系,但它们并不是"走过程"的关键。在下图中,箭头代表在跟儿子海晏的持续冲突中,馨然的注意力放在哪里。

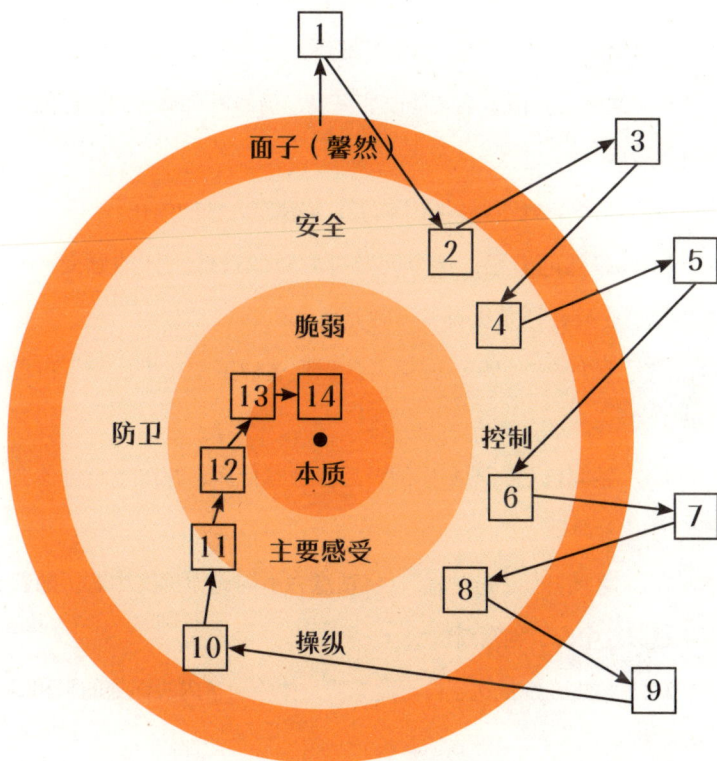

1. 馨然认为海晏的行为是问题所在。

2. 馨然感到恼火。

3. 馨然认为海晏懒惰、不尊重人、不听话。

4. 馨然的恼火变成了焦虑、不耐烦、沮丧，最终化作愤怒。

5. 她试图通过批评和殴打来惩罚或控制海晏。

6. 回到家后，馨然退缩了。

7. 她内心的关注焦点仍然是海晏的行为。

8. 她试图平静下来，但很难做到。

9. 她试图弄清怎么才能改变海晏，仍然没有觉察到自己的情绪体验。

10. 最终，她不再纠结于海晏，将注意力转向内在。

11. 馨然问自己，这个问题背后隐藏着什么样的感受——是不配、心碎，还是被抛弃。她开始意识到自己感到不配。她觉得自己是个失败的妈妈，并逐渐认识到这种感受几乎伴随了自己一生。

12. 她问自己，不配感的背后隐藏着什么，并出于直觉体会到无力感。

13. 馨然开始"走过程"，将注意力引向无力感的中心。随着越来越深入中心，她渐渐放松。

14. 最终，她抵达了自己的本质，体验到了内心深处的平和。

更系统地审视这个模型，也许能让你更容易理解。我们可以将人类的乔装归纳为以下五个概念。

- 面子（我希望世界如何看待我）；

- 安全、控制、防卫与操纵区（我希望在世间如何生存与活动，满足自己对重要性和归属感的需求）；

- 脆弱（基于"自我－身体认同"感知到的弱点和局限，对真实自我的主要信念）；

- 本质（在肉体存在层面上的真实自我）；

- 量子场（妙不可言的存在之源）。

要想理解馨然为了抵达这"三道门"所做的巨大努力，就必须考虑她不得不穿越的迷宫，也就是安全、控制、防卫与操纵区。在上面的圆圈模型中，直线代表她的注意力。她的注意力在安全、控制、防卫与操纵区中呈"之"字形前进，不断被外界的问题吸引，直到她最终将注意力拽回内心。前十个箭头代表安全、控制、防卫与操纵区机制如何试图使问题消失，以免她应对自己的脆弱。问题总会对我们造成威胁，使我们感到脆弱；问题越大，威胁就越大。

因此，馨然不得不无意识地做出防卫，以免将儿子（乃至自己）看成失败者。至于如何做到这一点，她只知道一种方式，那就是化身为迫害者型父母，向儿子发起攻击。通过将儿子视为问题所在，她使自己感到更安全。但为了确保自己的安全，她必须控制儿子。为了做到这一点，她可以采取各种方式，包括不听他说话、对他施加威胁、让儿子意识到自己对妈妈的依赖，或是通过操纵使儿子感到内疚，这样他就会被迫改变行为了。正如前面提到的，这些做法都是自发出现的，馨然不需要思考自己在做什么，也不需要考虑这是不是最佳行动方案。

然而，尽管安全、控制、防卫与操纵区努力让她分心，误导她，欺骗她，馨然还是尽心竭力地采取行动，设法抵达"三道门"，深入自己的不配感，找到了内心的无力感。接下来，她做了什么？在这个例子中，她接纳了自己从小就无意识抗拒的这种感觉。请记住，当我们还是孩子的时候，脆弱似乎会威胁到我们的生存，这就是为什么我们会将它视为不共戴天的大敌。

尽可能接纳自己的无力感之后，馨然就能将注意力集中到这种感觉的核心，观察它，让自己的身体平静下来，因为她的身体可能仍然在防卫状态下保持紧张。一旦身体放松下来，她就能感觉到或直接体验到内心的平和。她会被领着穿过脆弱层，进入自己的本质，也就是智慧与善解人意的栖居之所。

她从沙发上站起来，走进海晏的房间，跟儿子敞开心扉聊了聊（下一章将介绍有效沟通的细节）。双方都道了歉，并在接下来的几周里继续沟通。最终双方达成了共识，海晏在学校里的问题也得以解决。

如果馨然一直停留在负向独立型的立场上，上述一切都不可能发生，最好的结果就是双方进入"谨慎休战"，或是海晏愤然服从，但怨恨仍然存在，他可能还会存在受挫感，导致更多的权力斗争、报复行为，乃至自暴自弃。当然，家庭生活中美好和谐的体验也会减少，甚至可能消失。这就是为什么我觉得这种觉察过程是育儿的重要组成部分。它不但能滋养和谐的亲子关系，还能促进亲子双方走向情绪成熟。

这一过程中的每个步骤都简单且不费力，但请不要把"简单"跟"容易做到"混为一谈。请做好准备，为了达到"不费力"的程度，你需要付出很多努力。当你发现自己对某个问题或亲子冲突反应过激时，不妨采取以下步骤：

- 停止这种行为，换个能让身体放松的姿势（坐下或躺下）。

- 问问自己："我的哪种感受让我做出了这种反应？是不配、被抛弃还是心碎？"直觉会给你答案，或许会指出三种情绪中的不止一种。请选出此时在你看来最强烈或最重要的一种。

- 问问自己："这种体验存在于我身体的哪个部位？"

- 把手放在你感觉或想象那情绪存在的部位，以便将注意力集中到那一处。

- 接纳那种情绪，与它相处片刻。

- 意识到那种情绪是多么熟悉，意识到它已经在你体内存在了多长时间。

- 将觉知引入那种能量模式的中心，放松下来，让觉知越来越深入，最终穿透过去，抵达潜藏其下的主要感受。

- 让你的觉知深入那种能量，最终体验到平和、满足与思维清晰。

- 等你感觉完成了这些步骤，如果惹恼你的问题仍然存在，再对它做出回应。

接下来，我们将具体分析每个步骤。

- **停止这种行为，换个能让身体放松的姿势（坐下或躺下）。**

你需要应对自身行为的两个方面。第一个方面是行为本身，阻止自己采取通常的惯性做法。第二个方面是平息让你恼火的能量，是这股能量在促使你采取无效行为。一旦你停下来，就会注意到，自己身体的某个部位存在不健康的压力，比如下颌、肩膀、胸口、腹部乃至整个躯干。这时缓缓做几次深呼吸，这有助于你更密切关注自己体内的情绪活动。[1]

有时候，尤其是刚开始的时候，也许你只能做到这一步。但即便如此，这也是相当大的成就。

- **问问自己："我的哪种感受让我做出了这种反应？是不配、被抛弃还是心碎？"**

请相信自己的直觉，直觉能穿透你内心无意识的感受和情绪，

---

[1] 情绪通常是在身体里感受到的，体感反馈据称可以触发有意识的情绪体验。在本文中，我们运用独特的地形学自我评估法，揭示了与不同情绪有关的体感图。

"情绪是什么？"在 1884 年发表的关于心智的开创性论文中，威廉·詹姆斯（William James）提出了这样一个观点：在以明显身体表达为标志的情绪中，生理和行为反应先于主观体验。

它会给你适当的答案。虽然看起来你似乎在胡编答案，但你越是练习运用直觉，就越会发现直觉有多准确，也会越信任自己的直觉。请记住，安全、控制、防卫与操纵区之所以形成，就是为了避免你觉察到某些体验，那些体验会让你联想到自己的脆弱。直觉不在安全、控制、防卫与操纵区之内，但它能穿透复杂的防卫体系。[1]

● **问问自己："这种体验存在于我身体的哪个部位？"**

请再次相信你的直觉。通常来说，不配的感觉存在于胃部，心碎的感觉存在于心脏（当然是这样），被抛弃的感觉存在于腰部或腹部，但也不一定如此。

● **把手放在你感觉或想象那种情绪存在的部位，以便将注意力集中到那一处。**

把手放在那个部位也有助于你关注内心。这么做还能锚定你的思维，因为你很容易分心，思维很容易信马由缰。将注意力集中在不配、被抛弃或心碎的感受上之后，你可能会把它想象成某种能量

---

[1] 摘自《理解直觉》（*Understanding Intuition*）
直觉是一个过程，我们并不总能立刻意识到直觉。它们通常取决于无意识和有意识之间的复杂互动。有时候，我们可能会感觉到一种模糊的想法，觉得很有说服力，进而在意识层面努力，直到它变成清晰的见解。
直觉往往始于"不了解"——认识到自己不了解某件事，能为最终了解它创造空间。它也会使意识变得谦卑，更愿意将控制权交给无意识，等待并观察接下来出现的情况。众多重要直觉会随着时间推移逐渐出现。瞬间接触有助于在过程和内容两个层面上捕捉直觉的核心。

的辐射、振动、脉动或波动。

● **接纳那种情绪，与它相处片刻。**

现在，你处于决策的关键点。你可以抗拒那种情绪，也可以接纳它。你可以穿过那扇门，也可以退回安全、控制、防卫与操纵区。接纳自己长期以来一直抗拒乃至毫无觉察的东西，其实是很难的。因此，你可能会在这一步耽搁一段时间。

● **意识到那种情绪是多么熟悉，意识到它已经在你体内存在了多长时间。**

"三道门"的情绪已经伴随了你很久，你甚至可能觉得它们比你的年纪还大。从某种程度上说，这一点千真万确。很多人都觉得它们早已存在。你小时候有过不配、被抛弃或心碎的经历，无论有没有紧密相关的特定记忆，那些记忆中的画面都可能突然浮现在你的脑海中。你也许会想沉溺于那些画面或记忆，但它们对"走过程"并不重要。

● **将觉知引入那种能量模式的中心，放松下来，让觉知越来越深入，最终穿透过去，抵达潜藏其下的主要感受。**

为了帮助你与自己的脆弱建立联系，你可以对自己说："我觉得好……"让接下来的词语自然浮现。（例如："我觉得好无力"或"我觉得好迷茫"。）直觉会帮助你。对自己说出上述话语，能让你觉察到自己的主要感受。

- **让你的觉知深入那种能量，最终体验到平和、满足与思维清晰。**

接纳加上觉知，将引导你获得某些无法预料的体验。换句话说，"过程"会走向它该去的地方。无论它走向哪里，你都会获得对自己和孩子更有好处的全新观点。因为隐藏在你的脆弱背后的，其实是你本质中的爱与智慧。通常情况下，当练习"走过程"的人对过程本身、对孩子、对生命的奇迹等感到深深的赞赏，就会感觉自己完整了。谁也不知道你会赞赏什么人或什么东西，但赞赏是"走过程"自然而然、不可避免的组成部分。事实上，如果你没有感受到赞赏，很可能过程还没有走完，还需要再走一遍。

- **等你感觉自己完整了，如果惹恼你的问题仍然存在，再对它做出回应。**

心理治疗领域有一个理论叫作"知见心理学"（psychology of vision），它指出问题既是一个教训，也是一份变相的礼物。一旦学到教训，收到礼物，问题就没有存在的必要了。我不知道这个说法是不是百分之百准确，但它在某种程度上符合我对问题的看法：有时候，问题会自然而然迎刃而解；有时候，你会突然灵光闪现；有时候，问题不再是问题，你可以把它看成中立的状况或事件。在馨然的例子中，她走完过程，突然灵光闪现，想到去找儿子谈谈，跟他一起努力，达成和谐的共识。

我给一位来访者做过咨询，她有个十二岁的女儿。我引导她一步一步完成了上述体验。她兴高采烈地完成了疗程，决心回家后继续练习。下一周见面的时候，她似乎对我很生气。她告诉我，女儿惹恼她的时候，她试着"走过程"，却连第一步都走不过去。稍稍平静一些后，她又试了一次，但刚走到第一步，一想到母女之间发生的事，她就对女儿火冒三丈。几天后，她试了第三次，结果根本没法跟自己的恼火建立联系。这个事实本身就令她烦躁不安。她试图针对这件事"走过程"，结果又在第一步就失败了。

"根本办不到！我只有在这里跟你一起的时候才能'走过程'，但当我需要的时候，你又不在家里陪着我！我在家里是孤零零一个人！"

我只能对她表示同情，承认很难打破由情绪反应触发的惯性行为[1]。要是咨询师或教练能像瓶中精灵一样冒出来，辅助我们走完全过程，那该多棒啊！[2] 只可惜世界上没有那么多的咨询师。但我发现，"走过程"之所以如此强大，是因为危机出现的时候，我们几乎总是只能靠自己，没有人会提醒我们停下来，放松下来，审视内

---

[1] 来自伦敦大学学院的研究人员考察了 96 人在 12 周内养成的新习惯，发现养成一种新习惯平均需要 66 天；此外，每个人养成习惯的时间从 18 天到 254 天不等。这个研究告诉我们，如果你想养成某种新习惯，至少需要两个月时间。如果过了三周还没有养成习惯，你也不该绝望，因为对大多数人来说，这点时间根本不够。

[2] 事实上，这就是我们哈巴正在努力做的事。我们拥有一支才华横溢的团队，他们开发了一款父母可以在家中使用的应用程序，有助于他们应对育儿过程中遇到的挑战。哈巴一下应用程序（可通过扫描书封底二维码下载）甚至能指导父母"走过程"，并为每个人的特殊情况量身定制！

心。然而，微弱的心灵之声确实能穿透我们头脑与情绪中的噪声。但它并不是总能顺利穿越障碍，或者说，我们并不是总会听它的话。不过，我们越是愿意停止情绪反应，追寻更健康、更有效的反应，就越容易听见那个微弱的声音。

我接下来要说的内容你可能早就读腻了，但我觉得有必要提醒你，在育儿过程中可能会遇到哪些情况。"走过程"之所以如此有挑战性，是因为情绪反应并不是在你成为父母后才出现的，而是在那之前就已存在，可以追溯到安全、控制、防卫与操纵区最初形成的时候，远远早于你的七岁生日。你七岁的时候，安全、控制、防卫与操纵区的基本架构已经稳固，它们只会随着时间推移变得更为复杂。这就是为什么我在前面说过，仅仅走完第一步就是人生中的重大成就。

为了给你留出时间掌握第一步，我们完全可以在这里结束本书。不过，我们还有更多内容需要探讨。因此，你不妨先放下这本书，等遇到危机或问题时能靠自己走完过程了，再拿起书接着往下读。

第十一章

沟通

✳

许多年前，我与婚姻专家戴维·史纳屈和露丝·史纳屈夫妇一起参加亲密关系静修会，在会上听到的一句话令我大为震惊。有一位女士发表评论说："我的婚姻里没有沟通，丈夫几乎不跟我说话。"演讲者对此的回应是："伴侣始终在彼此沟通。"这句话让我很惊讶，原因有二。首先，我震惊地发现，尽管我是亲密关系咨询师，对肢体语言和辅助语言了如指掌，却从未意识到演讲者指出的这一真相。其次，我感到惊讶又羞愧，因为自己多年来一直在教伴侣沟通，试图让他们彼此交谈，却从未意识到这个显而易见的事实。没错，我们始终在彼此沟通。甚至可以说，我们在沟通方面根本没问题，问题在于理解对方传达的讯息！

请设想以下情境，你能否猜出孩子试图向父母传达什么。

- 十四岁的本放学回到家，钻进自己的房间，开始捧着手机玩游戏。

- 妈妈忙着处理家庭财务问题的时候，八岁的克莱门特在旁边说个不停。

- 老师告诉苏珊的妈妈，七岁的苏珊在学校里坐不住，总是动来动去或是找同学说话。
- 爸爸经常逮到十三岁的黛安娜在本该学习的时候看小说。
- 晚餐时间，六岁的礼光坐在餐桌前，却一句话也不说。事实上，他在家里几乎不开口，除非有人逼他。但即便如此，他最多也就吐出几个字。
- 十六岁的珍妮总是在自拍，然后把照片发上网。她会花几个小时跟朋友聊天，但几乎不跟爸爸妈妈说话。

我知道，当孩子什么也没说的时候，父母很难理解他们在说什么。事实上，以上情境可能代表各种各样的沟通，有可能是孩子表示很有安全感，目前什么也不需要；也可能是表示他们对重要性和归属感的需求没有得到满足，所以感到受挫，进而陷入了重度抑郁。在孩子不做任何解释的情况下，试图理解他们的行为可能极具挑战性。而当孩子自己都不知道内心到底发生了什么，你却试着撬开他们的嘴巴，逼他们做出解释的时候，试图理解他们的行为会难上加难。孩子跟成年人一样，可能在很长一段时间内对自己的情绪都毫无觉察，更不会有意识地反省。

让问题复杂化的第二个因素是父母对孩子行为的解读。这取决于父母的解读源自何种立场。如果你固守在安全、控制、防卫与操纵区，可能会无法清晰读懂孩子。事实上，你的孩子正在穿过一段暂时的隧道，这可能会被防卫心重、控制欲强的父母视为顽固叛逆。"迫害者"认为孩子应该受到严厉批评，"拯救者"则认为孩子软弱，需要被拯救。孩子做出某种行为，或许只是想确保你重视他们，但如果你承受着许多不健康的压力，就会把孩子的这种行为视为生活中又一个消耗精力的负担；如果你处于心平气和的状态，则可能会将这样的行为视为孩子在发出请求，请求你给予鼓励和支持。

育儿原则：

父母并非总是处于适当状态，适合给孩子充当智慧慈爱的向导。这并不是父母的错。

接下来，我们会看到一些有效的沟通工具。请记住，你的安全、控制、防卫与操纵区也会运用同样的沟通工具，以便达到自己的目的。当你试图与儿女沟通时，你也许会因为自己的脆弱感到迷茫，或是受到自身需求的干扰。当然，你也可以保持平和与智慧，专注于与孩子达成共识。我们将从这一点入手，列举亲子沟通的基本要素。

- 这种沟通背后的意图是什么？
- 孩子想向我传达什么？
- 在这件事上，我觉得自己对孩子犯了什么错？我想为了什么而道歉?

- 对于孩子看起来的前进方向，我和孩子分别存在哪些担忧?
- 我和孩子真正想要的是什么?

让我们具体审视上述每个步骤。

● 这种沟通背后的意图是什么?

由于这些工具旨在帮助你和孩子达成和谐一致，我假设这就是你的基本目标。但也许你还存在更具体的意图，根植于问题的具体细节之中。例如，如果孩子太爱玩游戏，你将意图简单设定为"希望孩子少玩游戏"，这不够明确，也不切实际。孩子可以做些什么，既让亲子双方都能接受，又对孩子自己有利?

● 孩子想向我传达什么?

这个步骤相当具有挑战性，不仅是因为我们没有练习过有意识地解读肢体语言和面部表情，还因为当出现亲子问题时，我们存在着根深蒂固的无效沟通的习惯。所以刚开始，也许在相当长的一段时间内，会出现大量的试探（本书第十三章将进一步探讨）。对于似乎不愿意开口的孩子，可以通过下列说法消除他们可能存在的误解。

- "我感觉你不想跟我说话。"
- "你似乎不想跟我交流，是不是我做了什么事伤到了你?"

- "我觉得你为了某件事不高兴，但我不确定是什么事。"

在做出诸如此类的陈述时，有一点非常重要。那就是你要愿意接受一个事实：孩子可能不会做出任何回应。遇到这种情况时，请给孩子留出空间，等他们自愿来找你。

- 在这件事上，我觉得自己对孩子犯了什么错？我想为了什么而道歉？

道歉是父母能采取的最重要的行动。但这一点很难做到，主要是因为我们不喜欢承认自己做错了，而向孩子道歉似乎会把控制权交到他们手上。但如果不道歉，我们就很容易给错误找借口，允许自己重复犯错，或是否认自己犯了错，把错误掩盖起来，甚至毫无察觉。无论采取上述哪种方式，我们都学不到任何东西。

真正的道歉是一种负责的行为，我们可以借此：

- 承认自己偏离了正轨；
- 接受自己犯了错，而犯错是学习和成长的必要组成部分；
- 承诺将付出更多努力，保持正确的前进方向。

请比较以下两种说法。

- "很抱歉刚才批评了你，但为了让你听我说话，别再犯懒，我只能想到这么做。"

- "很抱歉刚才批评了你，我不该那样对你。我没必要那么做，也没必要那么生气。我会尽可能控制住我的火气。下次再出现这个问题的时候，我会更尊重你。"

第一种说法能让父母轻易脱罪，免于意识层面上的内疚和羞愧（虽说内疚会继续存在，并造成无意识的伤害）。但这么说会强化亲子之间的隔阂感，甚至在孩子身上埋下怨恨的种子，那种怨恨会在将来某个时刻爆发出来。

第二种说法要求父母感到内疚，或许还有点羞愧，但它也能赋予父母力量，以便做出必要的航线修正。此外，它也会在亲子之间架设起信任的桥梁。

- 对于孩子看起来的前进方向，我和孩子分别存在哪些担忧？

你其实是在告诉孩子，哪些做法是你无法接受的。通常来说，你受到自己的情绪反应驱使时，会先带着一定程度的攻击性或被动攻击性说出这种话。每当这种时候，你的话可能会以下列说法开头：

- "为什么你总是那么做？"
- "你到底有什么毛病？！"
- "真是气死我了，你又去……"
- "我说过多少遍了，你不许……"

在有效沟通中，你不打算让孩子处于防卫状态，而是想促成双方合作，达成共识，这个时候，你的话往往以"我真的很担心……"开头，以下列说法结束：

- **"……你的学习习惯（或缺少良好的学习习惯）。"**
- **"……你似乎总在玩游戏。"**
- **"……你看起来很沮丧。"**
- **"……你的成绩很差。"**
- **"……你的约会对象。"**

说完上述话语后，你可以接着问一句"我想知道你对此有什么感觉"。就像所有的沟通步骤一样，这一步是为了帮助孩子为自己做出的决定负责。通常来说，当对方采取防卫立场时，会更难学会负责。因为，当孩子处于防卫状态时，你就变成了他们的对手（敌人、对立面、反对者等等）。[1] 但如果你说出自己的担忧，尤其是鼓励孩子分享对问题的想法和感受，就会让孩子有归属感。

- **我和孩子真正想要的是什么？**

你当然对孩子抱有各种各样的希望和梦想，但背后必须蕴含着真诚的愿望，希望孩子能幸福快乐。在亲子关系的不同发展阶段，

---

[1] 如果你表现为迫害者型父母，情况更是如此。但这在拯救者型父母身上也有所体现，他们认为自己只是在努力帮助孩子自我改善。孩子可能会认为父母在传递这样的讯息：我现在的样子还不够好，所以说我有问题。

你和孩子对如何达成幸福快乐的看法并非总是一致。事实上，你们的看法通常截然相反。你相信，如果孩子努力学习，就能取得好成绩，有资格进入好大学，以优异表现毕业，进入职场后就更有可能获得晋升和成功，然后，他们就会幸福快乐！

但与此同时，孩子只想在玩的游戏中打出最高分，或者跟心仪的同学约会。你可能一直在考虑孩子的未来，但在这么做的同时，你也许没有意识到，孩子的未来就是你的过去。你把自己的生活经历——你的恐惧与爱、失落与收获、失败与成功——叠加在了孩子的未来之上，希望确保孩子不会像你一样经受痛苦。但在孩子看来，你的这些担忧太虚无缥缈，因为在大多数情况下，它们还没有发生。事实上，你并不知道孩子会遇到什么，也猜不到他们会走哪条路，会做什么工作，会成为什么样的人。

跟孩子沟通的时候，你不但在引导他们应对当下，也在帮他们为未知的将来做准备。你不能仅仅因为自己觉得此路不通，无法通往你希望孩子拥有的未来，就抹杀孩子现在想要的东西。我经常由孩子眼下的表现联想到未来：他们如果有一门功课不及格，就会在人生中遭遇失败；他们如果跟朋友闹矛盾，就会永远孤独，交不到朋友；他们如果不做家务，以后就会变懒，找不到工作。当然，我这些过度焦虑的担忧都没有变成现实。

育儿过程中的焦虑会阻碍真正的沟通。许多父母都觉得，担忧孩子不但是自己的权利，也是自己的责任。这是因为，他们认为担忧是确保孩子安全的重要工具。他们的想法是：我们如果担忧，就能预测到事故、危机和悲剧，就能在孩子遇到事故、危机和悲剧之前把它们消灭掉。谈到父母对孩子的焦虑，有两点必须牢记：

- **我们担忧的事情有 80% 永远不会发生；有 19% 会发生，但孩子能应对并获得成长；有 1% 确实发生了，但它们是人类不可避免的必要经历——通常来说，它们是人生中的转折点。因此，担忧是徒劳的。**

- **担忧也会给孩子传递这样的讯息：当这件事发生在我身上时，我没能成功；或者是，如果这件事发生了，我无法取得成功，所以你也不会成功。你脑海中的预设是孩子会失败，同时相信自己作为父母很失败。因此很显然，担忧不仅是徒劳的，而且对你和孩子都有害无益。**

育儿原则：

大多数情况下，担忧都是徒劳无功的强迫行为。

在本章的最后，我想提出几点关于沟通的建议。如果你想在孩子面前做到百分之百诚实、百分之百负责、百分之百愿意认错并从中学习，你可能需要思考以下几点：

● 我是否愿意表现出脆弱?

许多父母认为,自己必须总在孩子面前表现得很坚强,好让孩子感到安全。更何况,我们很多人都不喜欢感到脆弱。但是有时候,如果父母向孩子承认自己的恐惧、不安或痛苦,会对亲子双方都有好处。这对父母有好处,是因为能让父母的觉知脱离安全、控制、防卫与操纵区,有助于开启觉察过程;这对孩子也有好处,是因为孩子能看到实实在在的榜样,学到当自己出现脆弱感时该如何应对。

● 我是否只能说无可辩驳的真相?

这对任何父母来说都是巨大的考验。我们倾向于认为,百分之百诚实就是怎么想就怎么说。如果你认为孩子不够聪明,并且对孩子直言不讳,确实可以被理解为"诚实",但这不一定是无可辩驳的真相,因为孩子可以提出异议。此外,认为孩子"不够聪明",这更多是一种看法,而不是事实。毕竟,你无法用不偏不倚的标准来评估孩子应该有多聪明。在这个例子中,无可辩驳的真相更像是这样的:"我需要你考出更好的分数,这样我就能感到骄傲,向其他人展示我是多么优秀的家长。另外,我担心如果你在学校里表现不好,以后生活会很艰难。但这些都是我的恐惧和需求,我不希望让你对此负责。"上述真实的表述与你鼓励、引导、管教孩子的责任并不冲突,还能营造出有益的环境,使你更容易履行上述责任。可以辩驳的表述则会促使孩子提出异议,可能是通过语言,也可能是通过非语言形式。[1] 无可辩驳的真相不会激起孩子的防卫意识，因此能让孩子觉得你跟他站在同一边。

● 我是否愿意投入时间？

我总是有时间教训孩子，与他们进行权力斗争，或是采取迫害者型和拯救者型父母的其他惯性行为。我总是骗自己，认为那些方式更便捷。因为，我总是试图让孩子听我的安排。如果我和五岁的女儿已经走到家门口，她却突然宣布不想去上学了，好吧，我够高大够强壮，足以把她抱上车，轻轻放在座位上。而我的另一个选择是在门口停下脚步，冷静地跟她谈一谈。从长远来看，后一种做法显然好得多——更和谐，更有趣，更亲密，也更有成就感。我最大的遗憾是，我过了很久才明白这一点。原本我们可以有更多愉快的上学之旅！

不过，如果你当时确实没时间解决问题，也可以向孩子做出承诺，保证过后会跟他们坐下来谈谈，到时你们再努力达成共识。对父母来说，履行承诺通常是个挑战，但这是非常重要的一步。

● 我能以接纳的态度做出回应吗？

最初我写下这个问题时，写的是"以充满爱意的方式做出回应"。然而，尽管"爱"这个词有许多定义，但似乎都不符合我想说

---

[1] 我很好奇，有多少父母想不通为什么孩子不跟他们说话，却没有意识到，孩子觉得只有在自己的脑海中才有可能与他们争论或顶嘴。

的意思。这一步是有效沟通的关键。事实上，在我看来，这也是所有人生体验的关键。当生活中发生的某件事使你感到不安或陷入焦虑时，你就像走到了十字路口：可以选择接纳，也可以选择抗拒。你如果拒绝接纳，就会把它变成对错问题，而且已经假定它是错的，必须消除；但你如果选择接纳，就不会认为它是对的或错的，它仅仅是已经发生的一件事。

请注意区分"接纳"与"听之任之"或"放弃"。如果你的孩子在玩游戏，而不去做作业，接纳这种状况并不意味着让他继续玩下去，而仅仅表示你没必要把它当作错误来攻击。你觉得情况不对劲，你的担忧需要拿出来讨论。关键在于，拒绝接纳会让情况变得糟糕，而接纳则将它变成沟通的机会。我知道这一点很难做到，至少对我来说是这样！

第十二章

同样的孩子，
不同的育儿方式

✳

在职业生涯中，我从未见过哪对父母以完全相同的方式养育孩子。事实上，育儿方式的差异往往会导致激烈冲突，甚至成为离婚的理由。[1] 下面的例子展示了父母双方的行事风格如何走向两个极端。

- 一方太严格（迫害者），一方则太宽松（拯救者）。

- 一方对孩子的学业放任自流，一方则总是担心孩子的作业和成绩。

- 一方冷漠疏离，很少陪孩子，一方则总是（也许是过度）陪伴孩子。

- 一方相信孩子"不乖"就该受体罚，一方则从不进行肢体攻击。

- 一方经常喝酒或严重酗酒，一方则饮酒适度或滴酒不沾（请注意，尽管家长酗酒对孩子的成长极为有害，但纵容对方饮酒的家

---

[1] 激情婚姻讲座，得克萨斯州休斯敦市，2003 年。戴维·史屈纳博士指出，性爱、孩子、姻亲和金钱是婚姻危机的四大潜在催化剂。

长也会对孩子造成不健康的影响）。

当然，并不是所有父母都如此两极分化，符合上述极端的描述。大多数情况下，父母双方都能以相似的方式引导和管教孩子。制作哈巴父母情绪成长产品时，我们的团队[1]设计了一个模型，展示了世界上最常见的四种育儿风格。其中每种风格都有自己的优势、局限和成长路径，并不存在哪种风格胜过另一种。因为，育儿的关键在于父母的情绪成熟度，以及父母学习和成长的意愿。当不同育儿风格和谐运作时，父母就能为孩子打下坚实基础，也能为整个家庭营造平和、有趣、有创意的氛围；当不同育儿风格不能和谐运作时，父母的争斗就会给家庭环境注入众多不健康的压力。

下面展示的模型包含四个象限，分别是激励者、倡导者、指导员和咨询师。每个象限中都有1到5的数值。数值代表压力水平，5代表父母能体验到的最强烈、最不健康的压力。数值反映的不是亲子问题的严重程度，而是亲子问题出现时父母体内的压力水平，这些压力是从过去到现在所有不适因素累积的结果。

请看一看下列育儿风格象限模型，你能否从其中一类人身上看到自己的影子。当然，你也可能从其他象限乃至所有象限中看到自己性格中的某些方面，但很可能更认同其中一类人。例如，我发现

---

[1] 当时的哈巴团队成员除了我，还有刘亚东（也是创始人）、蒋竹怡、阎婧、陈大厦、马莉、肖梦娜、雷内·费布拉罗。

激励者

5. 情绪或身体抽离，完全不顾及别人，无视他人的不适

4. 合理化，情绪疏离，超级拯救者或特立独行，可能对他人的不开心不敏感

3. 喜欢说教、给出建议，尽量大事化小，小事化了，忽视或回避问题

2. 鼓励他人，喜欢刺激，有冒险精神，并非做出回应，而是以解决方案为导向

1. 心胸宽广，令人振奋，鼓舞人心，反应迅速

倡导者

5. 容易受欺负，无能为力，喜欢做白日梦，心不在焉，感情外露到令人腻烦，彻头彻尾的受害者

4. 焦虑不安，容易受惊，头脑空空，爱发牢骚，愚蠢滑稽，粗心大意，自我怀疑

3. 恳求关注，黏人，过分亲热，令人窒息，纠缠不休，总在道歉，喋喋不休

2. 殷勤讨好，通过哄骗寻求帮助，但不惹人讨厌，以调侃的形式劝说，温柔

1. 热心支持，心血来潮，极富魅力，充满关爱，服务他人

---

1. 坚强，严格且公正，坚定不移，一丝不苟，深刻的洞察力和理解力，务实

2. 能敏锐地观察到弱点和局限性，欣赏细节，责任感强

3. 爱批判，愤世嫉俗，不信任人，容易受挫，喜欢争论，爱发脾气，不耐烦，冷酷地诉诸逻辑

4. 要求完美，控制欲强，难以取悦，不满意时与孩子对抗，过度谨慎，易怒，直率到残忍的地步

5. 言语、情感和（或）身体虐待，恶毒，容易发怒，充满敌意，残酷批判，独断专行

指导员

1. 真诚的倾听者，时常自省，善解人意，热情，关怀他人，有耐心，令人安心，有同情心

2. 追求深度分享，能公开谈论感受，寻求帮助时带有歉意，体贴入微

3. 退缩，变得喜怒无常，容易受伤，生闷气，阴沉／悲观，容易受挫气馁，持续焦虑

4. 容易感到情绪过载，有深深的不配感，抱怨／唠叨，聚焦于失败，暗自怨恨

5. 抑郁，无助，无精打采，因为觉得灾难将至而感到悲伤

咨询师

自己经常在"咨询师"和"倡导者"之间摇摆。不过，面对亲子冲突时，我更倾向于扮演"咨询师"。

根据父母承受的不健康压力水平，以及他们对压力做出的回应，上述模型分别展示了四种育儿风格的行为和态度。如果父母抗拒压力带来的不适，就可能进一步远离自己的基本天性。他们如果接受压力情境是必经的成长之路，就会走向自己本质的智慧与高效，也就是模型中心点所代表的东西。

我希望上述模型能帮助你增进了解，觉察到某些行为会带来令人不适的压力，影响亲子关系。你只要觉察到了，就有机会做出适当的航线修正。

育儿原则：

一般来说，走向情绪成年是渐进式的成长体验，父母往往需要花很长时间才能有意识地觉察到这种成长。

让我们来看一看每个象限分别代表什么。

● 咨询师型父母

如果你主要认同"咨询师"，那你通常是真诚的倾听者，时常自省，善解人意，热情，关怀他人，有耐心，令人安心，有同情心，能够体察自己的感受。

总的来说，跟孩子在一起的时候，你可能会寻求有意义的沟通，同时对孩子的情绪十分敏感。你能开诚布公地谈论感受和问题，也能讨论亲子关系中的不妥之处。

如果你承受着负面压力，又遇到了孩子的问题，压力可能会致使你退缩，你变得喜怒无常、悲观、气馁，对自己或孩子感到失望，甚至可能看起来阴沉或忧郁。如果你的焦虑水平很高，你可能会深受担忧的折磨。有时候，孩子偏差的行为会让你伤心。

对孩子极度恼火或心烦时，你可能会情绪很不稳定，产生强烈的不配感或失败感。有些咨询师型父母会陷入强迫性的抱怨，只关注孩子的缺点或自己身为父母的缺点。发生激烈冲突的时候，你可能会生闷气，而离开孩子身边。就我个人而言，对孩子发火的时候，我通常会大发雷霆两分钟，然后关在房间里闭门不出，反省我身为人父是多么失败。

在极端情况下，你可能会感到沮丧、无助、毫无动力、萎靡不振，有时甚至充满焦虑，觉得灾难即将降临。

咨询师型父母的成长之路是学会抛开担忧，不再沉溺于悲观情绪，直接进入我们在第十章谈过的"走过程"，无论有什么样的不适感都停驻在中心点；要愿意向人倾诉（避免给人建议），即使遇到感到不适的情境也不要退缩。"走过程"能帮助你摆脱沉溺于阴郁情绪的倾向，抵达你平和喜乐的基本天性。

● 倡导者型父母

你如果是倡导者型父母，很可能会对孩子公开（甚至是滔滔不绝地）表达喜爱。例如，孩子放学回家后，你会大声欢呼，表示欢迎。你本质上人畜无害，也许还富于想象力，时而心血来潮、诙谐有趣，经常给予孩子大声赞美或表扬，热情洋溢地支持孩子所做的一切。你可能对孩子非常贴心，极富魅力，同时刻意为他们服务，总是试图预测他们的愿望和需求。

总的来说，跟孩子在一起的时候，你会把注意力完全放在他们身上，关注他们的需求，渴望取悦他们；如果你需要孩子的帮助，你可能会尽量委婉地提出，有时候甚至看起来像是用甜言蜜语哄骗；你也可能会试着以调侃的形式劝说孩子。

因为，作为倡导者，你总是试图表现出善意。当承受压力，面对冲突时你可能会更紧张，你会变得黏人且过度亲热，甚至显得纠缠不休或令人窒息。由于亲子冲突或问题引起了不适，你甚至可能会想为此向孩子道歉，试图使糟糕的情绪消失，让一切恢复原样。

当你和孩子之间出现严重问题，负面压力增加时，你可能会感到焦虑不安，容易受惊。反过来，这些感受可能会使你略显笨拙，你试图用聊天来驱散不安的气氛，你也可能觉得不得不试着掩盖问题，甚至公开恳求孩子恢复和谐关系。

在极端情况下，孩子可能会认为你是在纠缠或讨好。你希望一切都和和美美，这可能会导致你容易受欺负，感到彻底无力。类似的情况可能会诱使你逃避，陷入白日梦，导致容易忘事或心不在焉。

倡导者型父母的成长之路包括学习变得更坚定，以免讨好孩子的欲望干扰自己的洞察力，无法判断怎么做对亲子双方才是最好的（对倡导者来说，说"不"是个巨大挑战）。请相信孩子能自己应对挑战和问题，不要保护孩子远离人生的坎坷起伏。最后，你需要审视自己究竟想从孩子身上得到什么，然后通过成长将那些需求抛在身后。

● 激励者型父母

如果你是激励者型父母，孩子通常会认为你光芒四射、精力充沛、极其可靠、令人振奋、鼓舞人心、热爱冒险、非常迷人，甚至富于魅力，同时也相当擅长调侃。

总的来说，跟孩子在一起的时候，你会给他们鼓劲，让他们感到充满动力，觉得能通过努力取得成功。你跟孩子的讨论可能充满激励，以取得成果或拿出解决方案为导向，有时甚至乐观得不切实际。

当你承受压力的时候，你可能无法为孩子提供情绪或实际的陪伴——对此你总能找出借口。（这是因为激励者通常不会注意到自己内心的负面压力，所以真的相信自己找出的借口。）如果你在感到不适时与孩子互动，你更有可能是在说话而不是倾听。作为激励者，当问题出现时，你容易说教、训诫、给予建议，同时只注重理性，远离自己的感受，因为那些感受令人不适，你觉得无法应对。还有一些时候，你可能会拿出自己标志性的"正向哲学"，试图把问题大事化小，小事化了。

对孩子极度恼火或心烦时，你可能会在情绪上更加疏离，不愿意直面冲突。你如果无法再否认问题存在，可能会运用自己的充沛精力，拿出能解决问题的行动方案，并要求孩子实现你为他设定的目标。还有一些时候，你可能会披上超级英雄（拯救者）的斗篷，试图自己解决问题。否则，你宁可一个人待着，逃进安全的避风港，比如你的书房、办公室或酒吧，远离那些麻烦事。

在极端情况下，你可能会经常玩消失，期望别人来解决问题。你会尽可能与情绪或感受脱节，甚至完全漠不关心。在孩子看来，你可能显得完全不考虑别人，麻木不仁，对他们的不适视而不见。

激励者型父母的成长之路是学会对孩子的感受更敏感，充分倾听孩子的想法和担忧，通过共同讨论找出解决问题或危机的方法。同时，你还必须学会体察自己的感受，愿意与孩子分享你的想法和担忧。

● 指导员型父母

你如果属于指导员型，通常会被孩子视为最严肃的父母。但在这种外表之下，你是个体贴、关心他人、幽默的人（有时候，即使是指导员自己也对此视而不见）。你还拥有强大的内在力量和决心，有严格且公正的态度，坚定不移，有深刻的理解力，这些都笼罩在一丝不苟、实事求是的光环之下。你总是欣赏孩子付出的努力，哪怕他们并没有达成初衷。

总的来说，跟孩子打交道的时候，你会展现出完美主义和敏锐的观察力。你能迅速发现错误和弱点，同时致力于消除或克服它们。你对自己和孩子都有很高的要求，不吝于指出每一处错误或遗漏；当然，当孩子超出你的期望时，你也会迅速给予认可。

承受压力的时候，你可能会对错误和弱点缺乏耐心，转向更为挑剔、愤世嫉俗、不信任人的一面。你会变得更容易陷入沮丧、不耐烦、爱争论、爱发脾气，甚至可能冷酷地（有时是苛刻地）诉诸逻辑。

对孩子恼火或心烦的时候，你可能会提出无理要求，事无巨细什么都要管，无法容忍错误，容易发火，几乎不可能被取悦。当你对某种状况不满意时，你可能会与孩子发生更多的对抗，而且过度谨慎、易怒、苛求，甚至直率到残忍的地步。

在极端情况下，你很容易在言语、情绪甚至是身体上虐待孩子，表现得相当恶毒；你也可能变得充满敌意，独断专行，容易发怒，用残酷的言语批评孩子。

指导员型父母的成长之路是学习对孩子保持耐心，接纳孩子的本真。请记住，弱点只不过是尚未被发现的优点，请公开表达对孩子优秀品质的赞赏。你的赞赏将对孩子产生深远影响，因为他们知道你定的标准有多高。

我想提醒你一点：你可能会发现，自己的行为和态度属于不止一个象限，但你本人更符合某个象限的描述，同时也拥有其他象限提到的一些特征。此外，当你承受极端压力时，你可能会跳到与平常不同的象限。

我展示这个模型主要是想说明，每位家长都有不同的育儿风格，不存在哪种风格胜过另一种。你的伴侣可能是"指导员"，你则更像"激励者"。承受压力的时候，你的伴侣可能对孩子咄咄逼人，提出无理要求；你则忙着让一切保持美好愉悦，保护孩子免受你伴侣的粗暴对待。但你可能没有意识到，你和伴侣都远离了自己的中心点，并采取了相应的行为。你如果能突破紧张不安，更接近自己的基本天性，就有可能做出以下反应。

- 你对孩子和伴侣说话时会更加冷静坚定，对当下情境做出更成熟的情绪反应。
- 你的伴侣会凭直觉感受到这种转变，看到朝自己的中心点再进一步的可能。
- 你的孩子会感觉环境更为安定，觉得有机会接近自己的中心点。

反之，如果你对伴侣的行为做出情绪反应乃至批判，只会使情况进一步恶化，或是维持双方都熟悉的"权力斗争"模式，加剧亲密关系中的隔阂。[1]

通过上述例子，我试图展示个人当责的重要性。它能帮助我们突破无效的无意识行为，成长为情绪成熟的父母，乃至情绪成熟的人类！每位父母都有自己的天性和育儿风格。应该由父母来决定谁最适合抚养孩子，除非父母中的一方虐待成性，无力进行航线修正（这种人确实存在）。我唯一的责任就是觉察到自己在哪里行差踏错，然后承认自己犯了错，进而加以纠正。

我的伴侣可能没有觉察到这份责任，也可能比我还要投入，但这是由她自己决定的。我只知道，在生活中的每个领域，每当我选择向自己的中心点再迈出一步时，都会发现素梅已经迈出了她的一步，或者正在迈出那一步，或是不久就将迈出那一步。[2]

[1] 我想到了一句话："吵架需要两个人，停下只需一个人。"用在这里很贴切，对吧？
[2] 如欲进一步了解这个亲密关系重要原则，请参见克里斯多福·孟的作品《亲密关系续篇：无拘无束的关系》（*The Untethered Relationship*）。

第十三章

给孩子做咨询的基本技巧
（别问"为什么"）

✳

孩子根据年龄、性别和身体、心理、情绪的发展，以及他们独特的个人特征，会在你的照料和指引下历经许多隧道。我用"隧道"（passage）这个词，指的不是通常所说的孩子人生中的"阶段"（phase）。我想说的是，孩子会经历各种各样的事。在游乐场上，在教室里，在学校操场上，与朋友、敌人、兄弟姐妹、亲戚和父母相处时，他们会经历许许多多的事，每件事都可能带给他们快乐或痛苦。其中很多事对他们来说是全新的，会对他们的人生造成巨大影响。六岁那年，我第一次爱上了一个女孩。我冲进屋里大声告诉妈妈，而妈妈只是不屑地笑了笑。两天后，我看见那个女孩坐在我朋友的自行车后座上，第一次意识到了什么是嫉妒。我把这件事告诉了妈妈，又换来了一个不屑的微笑。在她看来，这些只是孩子必经的阶段，会随着年龄增长被遗忘并抛在脑后。

然而，每个月我都会有全新的经历。那些经历全都生动鲜活、意义深远，其中有些令我痛彻心扉，听人告诉我"总能熬过去的"似乎根本不够。我在寻找安慰，甚至是怜悯，但我真正想要的是指引，是轻松应对那些不愉快事件的方法。更重要的是，我想知道那些事之所以发生在我身上，并不是因为我太坏、太笨，或是不够好。当然，有些时候，自己的问题最好还是自己解决。可是当时的我怎么可能知道？

上面那段话听起来也许像在批评我的父母，但这并非我的本意。不过，写下那段话确实让我意识到，当我的儿女伤心欲绝的时候，他们本该从善解人意、体贴周到的老爸那里得到安慰。但恰恰相反，他们面对的要么是麻木不仁的"拯救者"——只会提出一堆堆毫无用处的建议；要么是冷漠的父亲，认为他们"总能熬过去的"；或者（最糟糕的是）是个不知所措的男人，他觉得自己无力让孩子的痛苦消失，并因为眼前的问题让他感到软弱又无助就怨恨孩子。在反思这一点的同时，我更加确信父母充当"纯粹咨询师"的重要性。

我很幸运能遇见汤姆·法雷尔（Tom Farrell）。汤姆，如果你尚在人世，我想告诉你，我对你的感激从未减少分毫，而只会越来越深！汤姆是一位咨询师，帮我度过了二十出头的一段艰难时期。他不但给了我巨大的帮助，还为我树立了"纯粹咨询师"的榜样。尽管我在咨询生涯中从未达到他的水平，但在过去四十年里，他树立的榜样一直是我的指路明灯。我遇见过许多从事心理治疗的优秀人士，但汤姆始终是其中的佼佼者。最奇妙的一点是，在我们进行的十余次疗程中，他对我说的话甚至填不满一页纸。

我认为"咨询师"这个叫法有个大问题，那就是它容易让人联想到某些智者，他们会告诉人们应该怎么做。这个叫法还存在一个问题，那就是它容易跟心理学家或精神病学家弄混，那些人主要是运用分析来识别并解决人们的问题[1]的。当以最纯粹的形式做咨询时，咨询只是支持某人自己走过艰难的人生之旅。

有些时候，你身为父母的职责就是充当孩子的咨询师。如果你认为这意味着你的工作是教训孩子或给他们建议，那么我猜你也存在我在前面提到过的误解。真正的亲子咨询是与孩子（不管年纪多大）建立联系的好机会，也是父母自己走向情绪成年的重要机会。通过反复试错，我和素梅发现了一些关键要素，以便在孩子**寻求帮助**[2]时给他们做咨询。这些要素包括：

- **倾听** [3]；
- 用**"觉知回路"倾听**；
- **积极倾听**；
- **概括你理解的内容**；

---

[1] 我能想象得出，许多心理学家和精神病学家会很生气，因为我认为他们能发挥的作用有限。如果是这样的话，我为自己对此知之甚少而道歉。

[2] 当然，孩子并不总是开诚布公地寻求帮助。但如果你还记得我在前面提过的，沟通包括辅助语言和肢体语言，就能清晰地听见孩子的呼救。

[3] 摘自《心理治疗师的艺术》（*The Art of the Psychotherapist*）。心理治疗师最基本的技能就是高效倾听。治疗师所做的其他一切都需要建立在这种高超能力之上，也就是同时在众多层面上倾听。这种倾听不仅仅是被动地记录，更是一种涉及众多感官的动态警觉，加上直觉、反思和培养出的同理心。

- 找到与孩子内在体验的共鸣；

- 简要分享洞见；

- 鼓励探索对问题的可能回应（而不是解决方案）；

- 提供支持和鼓励；

- 尽量少问"为什么"（最好别问）。

在探讨亲子咨询的基本原则之前，我想再解释一下本章第一段提到的"隧道"这个词的含义。这是我在职业生涯之初的工作坊和咨询疗程中，通过观察自己和别人的所谓"成长过程"时发现的。面对生活中的难题或危机时，总会有某些心理要素浮现。打个比方说，我看见自己走到了一段漆黑的隧道前，看不出它有多长。在考虑过其他所有选项后，我迈步走进了隧道，随之经历了一系列普遍存在的人类体验。

通常来说，亲子之间出现的每个问题都存在情绪因素。孩子会用行为来对抗身为父母的你，使你感到恼火或焦虑。这是一个信

号，表明你已经来到了隧道口。此时此刻，你有两个选项：一是接纳自己的不适感，二是抗拒。如果你选择抗拒，体内的压力水平就会飙升，并且可能与孩子陷入某种争斗之中；如果你接纳自己的不适感，就会开启成长过程，它会带领你穿过隧道。这意味着，随着你的觉知，不适感通常会加剧。这是因为觉知会让你接近不适感，而事物总是离得越近看起来就越大。

不过，觉知也会帮助你把注意力放在不适感的中心点，这将使你陷入静止状态。你静止多久并不重要，因为你可能会感觉时间飞逝或时间停滞。也就是说，虽然你的身体处于时空之中，但你的觉知却没有。随着你对不适感的抗拒持续缩小，接纳持续扩大，你的压力不会增加，反而会消散，平和感得到提升。

此外，我还想告诉你，我在这些"隧道"中体会到了一点，那就是你总能找到拒绝"更进一步"的机会。每一步都是在"接纳"和"抗拒"之间做选择。有时候，这意味着我会彻底离开隧道，有时候则意味着我会原地驻足，固执地拒绝再走一步，因为那似乎太难了！这两种抗拒方式都是可以理解的，毕竟，我们只不过是凡人罢了！

当你认识到，为了得到成长，自己必须穿过这段隧道时，随着平和感不断滋长，赞赏的感觉也会油然而生。通常来说，你会感激孩子，因为他们是促使你进入隧道的催化剂。

孩子在自己的人生中也有隧道要走，他们必须像你一样学会独自经历。但他们只要还住在家里，就不可能走过连你都回避或抗拒的隧道。这就意味着，给孩子做咨询的时候，你不能试图引导他们前往你自己都没去过的地方。这就是为什么我说 "提建议是没用的"，因为很多时候，我们告诉别人应该做的事连我们自己都从没做过，或是要他们做当时还没准备好或做不到的事（要是他们能做到，大概早就做了）。此外，提建议还是一份重大责任，你必须为建议造成的结果负责；而且，提建议还剥夺了对方 "靠自己" 的权利。

接下来，让我们简单回顾一下前面列出的咨询要点。我希望能解释得清楚一些，至少为你将来的行动打下基础。

● 倾听

你有没有听过下面这句老话？"我们有两只耳朵一张嘴，所以听可以是说的两倍。" 在支持孩子穿过重要隧道（例如问题、挑战或危机）时，我发现更适合的准则是：听可以是说的三倍。有时候，我的儿女只是需要感觉有人倾听；还有一些时候，他们需要别人给予鼓励，敦促他们探索自己的内心。

说到孩子（即使是已经长大成人的孩子），最重要的一点是要记住，他们常常会感到受挫。学习如何有效应对挫折，是孩子心理与情绪成长的关键因素。聚精会神地听孩子说话，往往能为他们提供所需的支持，让他们直面自己的不适，穿过那段隧道。跟孩子共同探索他们面对的问题，也有助于你摆脱拯救孩子的冲动。

● 用"觉知回路"[1] 倾听

我惊讶地发现，许多接受过大学教育的咨询师从未意识到，来访者来找他们，其实是为了帮助咨询师成长。以我为例，每个来访者都反映出了我自己的某些方面需要航线修正。咨询其实是相互的事，能让双方都从中受益。因此，当受挫的孩子来找你谈话（或是你找他们谈话）的时候，他们就像举起了一面镜子，帮助你看到自己身上被埋藏的受挫的一面。意识到你身上也存在孩子正在体验的不适，这对亲子双方的成长都很重要。因此，"觉知回路"（loop of awareness）就显得极为重要。这是凯瑟琳·亨德里克斯（Kathlyn Hendricks）提出的沟通模型，我在这一模型的基础上略加修改。

认真倾听孩子的话语、辅助语言和肢体语言，从而开启"觉知回路"，唯一的目的就是了解孩子在说什么、想什么，有什么感受。你靠双耳、双眼和直觉吸纳一切，然后审视在这么做的时候自己体验到的一切。请注意你身体上的感受，因为它们通常暗示了你情绪上的感受。有时候，你甚至可能想把当下的体验告诉孩子，或是向自己承认那些感受。你可能会像这样直接对孩子说：

- **你告诉我老师骂了你的时候，我的胃揪紧了；**

- **你说你不喜欢学校的时候，我感觉很伤心；**

---

[1]"觉知回路"是一种练习。先将注意力放在某种内在体验上，然后将注意力转移到外人或外物的某种特质上，再转回内在。就这样，将注意力时而转向外界，时而转回内在体验。

- **你说……的时候，我感到很焦虑；**

- **你谈起……的时候，我感到非常……**（识别出某种脆弱感）。

　　这种反馈有助于你深入觉察自己的内在过程，也能让孩子知道他们谈论的东西**很重要**。除了通过共同的脆弱感将亲子双方联系起来，觉知回路还能帮你觉察到亲子之间的爱与和谐，并促进爱与和谐不断滋长。简而言之，"觉知回路"有六个基本要素。

　　1.　以开放平和的心态倾听。

　　2.　当你倾听的时候，不断检查自己的身体，记录浮现的情绪或身体感受，尤其是当孩子说的某些话触发了你的感受时。

　　3.　向自己承认你当下的体验（如果你身体的某个部位在传递那种感觉，你甚至可以把手搁在那个部位）。

　　4.　选个合适的时机告诉孩子，当他们使用某些词语、谈论某个话题时，你有什么样的感受。不过，"觉知回路"更多是作为倾听工具，而不是倾诉工具。

　　5.　在整个过程中保持观察者的态度，因为你的觉知包含了你自己的体验、孩子表达的东西，以及孩子似乎在体验的东西。

　　6.　起初，"觉知回路"很像是循环往复的觉知过程，但通过练习，你可以将第5点中提到的三样东西统一起来，融合成真正美好的觉知。

- **积极倾听**

积极倾听需要使用某些工具，确保你不会预设孩子的体验，这有助于孩子觉察到你全情投入的陪伴。我在下面列举了一些工具，可能会对你有所助益。

1. 叹词

试着把注意力放在孩子常用的某个重要词语或短语上。孩子经常会强调那些词语，或者通过其他方式吸引你的关注。它们通常与孩子正在体验的强烈或重要感受有关。（或许你也正在体验！）

孩子："老师总是找我的碴，我什么也没做错！"

你："**找你的碴？**"

孩子："对啊——就是嘲笑我，取笑我！"

孩子："我不喜欢我在镜子里的样子。"

你："你的**样子？**"

孩子："对啊，我的鼻子太大，让我看起来好丑！"

你既可以在问句中运用叹词，也可以在陈述句中运用。关键在于，要帮孩子探索关键词背后的含义。

2. 试探

试探是很好的方法，能帮孩子加深对自己的了解，又不会使他们产生戒心。当你希望孩子进一步澄清时，你不妨向他们求助。

不要说："让你看起来好丑？这话是什么意思？"

你可以说："我不清楚你说的'丑'是什么意思。"这可以鼓励孩子澄清自己的说法，同时为你这个成年人解决困惑。通过这种方式，你可以跟孩子协作。因为有时候，提问听起来很像要求，相比之下，"试探"则没那么具有挑衅意味。

3. 稍加鼓励

诸如"我明白了""那肯定很难""再说说吧"等说法，甚至是温和的眼神或点头，都能为孩子营造接纳与支持的环境，让他深入探索自己的问题和感受。

我想强调的是，眼神接触能给孩子巨大的鼓励。为了说明这一点，你只需要设想以下两个场景。

孩子对你说话，你却捧着手机看新闻。

孩子对你说话，你放下手机，看着他们。

如果你是那个孩子，你会觉得哪种做法更令你受鼓舞？

● 概括你理解的内容

这类倾听需要你用自己的话，以**寥寥数语**概括出你对孩子所说内容的理解。这能让孩子感觉自己得到了理解，也有助于你与孩子的体验形成共鸣，以便你更清晰地认识自己。从某种意义上说，归纳概括有助于你站在孩子的角度看问题。另一个好处是，它有助于你和孩子把注意力集中在关键因素上，摒弃不必要的信息。通常来说，如果孩子花了十分钟描述问题，你的归纳概括要限制在四十五秒之内。

● 找到与孩子内在体验的共鸣

这种咨询方法是"站在孩子的角度看问题"的延伸。你要反思，如果你在他们这个年龄段，处于他们所处的位置，会有什么感受。接下来，你要在自己的生活中找出更多类似的情况。在那种情况下，你会体验到孩子描述或暗示的想法和感受。

● 简要分享洞见

你如果能找到上述共鸣，就能通过简要分享对人情世故的洞察，帮助孩子从更中立的角度了解自身处境，而不是认为发生那种事是因为自己有问题。你孩子遇到的事几乎所有孩子都遇到过，或者将来会遇到。但由于你孩子的思维以自我为中心（就像我们所有不成熟的人一样），他很容易认为那件事是针对自己的。你的见解或许不会带来立竿见影的效果，但如果你突然想简要分享一两则洞见，它们可能会在将来对孩子有所助益。

● 鼓励探索对问题的可能回应（而不是解决方案）

我在培训咨询师或生命教练时，常常提醒学员不要落入"拯救者陷阱"。从事助人行业的人很难避开这个陷阱，父母则更难做到。因为我们出于本能想要保护孩子，以免他们受到伤害或体验到不快。不过，痛苦往往是成长的前奏，与恐惧、焦虑、失败和人生中的其他波折一样。

当我的孩子在情感上受到伤害时，不要试图拯救他们、阻止他们踏进隧道，对我来说是个巨大的考验。我通常会拽住他们，试图让他们振作起来，尽我所能让他们的问题消失，包括告诉他们该怎么做——你懂的，就是拯救者型父母常见的做法。不过，也有可能出现这样的情况：我和素梅会跟儿女坐下来聊天，试着给他们做咨询。这包含前面提到的所有步骤，随后我们讨论孩子可以做出的回应，以便有效应对他们遇到的问题。我孩子的目标可能是让问题消失，但我和太太知道，问题不是解决掉的，而是**通过成长被抛在身后**的。等孩子决定了某个行动方案，我们会持续关注后续发展，讨论需不需要进一步的回应。最终，孩子会穿过隧道。于是，可能会出现以下三种情形中的一种：（1）问题不复存在；（2）解决方案似乎突然出现，或是依靠某人的直觉产生；（3）情况继续存在，但已不再是问题，因为孩子得到了成长，将它抛在了身后。

● 提供支持和鼓励

在沟通过程中和沟通结束后，这么做对你的孩子非常重要。但前提是，你不能专横霸道，也不能让孩子感到窒息。这就意味着，允许孩子在想要的时候接近你，而不是一直紧盯着他们的进展。养育子女是一个不断放手的过程（还记得诗人纪伯伦关于弓和箭的比喻吗？），请给予孩子更多的自主权，让他们自行选择如何行走在世间，但也要始终做好准备，以便随时提供符合孩子成长阶段的支持与指导。

所有这些步骤的关键是信任。当我们怀疑孩子的时候，就会把自己的焦虑和不足之处投射到他们身上。学会相信孩子拥有必要的能力和资源，能够有效应对他们注定要穿越的隧道，有助于身为父母的我们学会信任自己。我们年纪越大，这一点就越重要。

● 尽量少问"为什么"（最好别问）

我的朋友汤姆·纽厄尔（Tom Newell）在获得咨询学位后，与我分享了他的一位老师常说的话："问'为什么'只会引出谎言。"根据我的经验，这句话的意思是：询问某个问题为什么会存在，或者某人为什么要那么做，会导致提问者和回答者在心灵迷宫中进行漫长而徒劳的探索。丹麦科普作家托尔·诺雷特兰德斯（Tor Norretranders）在《用户错觉》（*The User Illusion*）一书中指出，据科学家估计，任何一种情境都包含 1100 万比特的信息，但一个人最多只能感知到 15 比特。我不确定上述数据是否准确，但我知道，对于已经发生、正在发生或将要发生的事，存在许许多多种可能的解释，要找出确切原因，就像在漆黑的房间里投飞镖，还期望能一发正中靶心。

除了问"为什么"总会引出更多的"为什么"，我们还要考虑到，引起情绪波动的问题之所以有意义，并不因为它们是用来让人刨根问底的。它们唯一的目的是帮助我们直面个人信念的局限、自我怀疑与情绪不成熟，以便我们超越这些局限，深入了解自己的本质和优点，这对成人和孩子来说都一样。因此，根据我的经验，问"为什么"纯属浪费时间，会耽误我或孩子踏进隧道并得到成长！

最后，回到第二章中提过的圆圈模型，"为什么"这个问题源于安全、控制、防卫与操纵区，是为了让你不去关注自己的脆弱，让你只运用逻辑而不去感受。"为什么"这三个字会使你为自己看到、听到、感觉到的一切创造出各种解释，而你无法证明那些解释是绝对真实的！因此，在试图理解孩子的体验时，请尽量少问"为什么"，尽可能与孩子当下的体验产生共鸣，用爱陪伴他们走过即将面临的黑暗隧道。同时，尽你所能穿过孩子让你觉察到的那段隧道。

CHAPTER 14

第十四章

结语

✳

今天早上，在我开始写这一章之前，好友雷内给我发来了一篇文章。文章中提到了作者所谓"温和育儿"（gentle parenting）的众多陷阱，其中之一就是过于重视孩子的情绪，误认为"专制育儿"（authoritarian parenting）会压制孩子的创造力和独特性。文章对温和育儿方式提出了质疑，指出在育儿过程中需要一定程度的专制。例如，孩子无论感受如何，都必须乖乖把鞋穿上。

说实话，尽管我相信作者的初衷是好的，但我实在是读不下去。我只觉得，人们过于关注如何养育子女，对如何为人父母则不够关注。我在本书开头就说过，身为孩子的父母，你做什么或说什么并不重要，重要的是你言行举止的出发点。在我看来，育儿不仅仅是决定以什么方式让孩子吃饱穿暖、接受管教，正如我的一位朋友所说："我不相信'为达目的不择手段'，因为只有死亡才是最终目的地。"

无论你采用什么样的育儿方式，孩子都可能会长成你难以想象的样子，因为他们的命运并不受你掌控。你也许能影响孩子的人生起点，但绝不可能控制他们的命运。如果真的是这样，那么育儿的关键就不是追求最终结果，而是处理遇到的各种情况。你是选择"接纳"还是"抗拒"，决定了你是在觉知和情绪成熟度上有所成长，还是陷入试图控制孩子的无休止重复模式。（我一直害怕失去对孩子的控制，直到有一天突然意识到，其实我根本控制不了他们。）

最后，我想分享太太和儿女教给我的一些东西。那些经验教训使我成为略有智慧的人，进而帮助我更有效地应对瞬息万变的育儿挑战。以下是我学到的一些东西。

- 当我为孩子的行为恼火或心烦时，就是受到了召唤，需要直面自己对重要性和归属感的需求。

- 当我对孩子感到愤怒时，通常是因为我无意识地感到无力，觉得自己在失去掌控力，因此利用愤怒来显得强大有力，展示一切尽在把握。

- 当我对孩子的言行感到震惊或心痛时，昔日令人心碎的失落或令人沮丧的失望就从脆弱层中浮现出来。它们突破了安全、控制、防卫与操纵区，进入了我的觉知。

- 如果孩子变得伤心或沮丧，我需要关注他们传递的讯息和我自己的无助。当孩子穿过自己的隧道时，我也需要穿过我的隧道。

- 如果我和孩子发生了冲突，我要么花时间直面自己的不适感并"走过程"（也就是第十章中描述的接纳＋觉知＋赞赏），要么一边与孩子沟通一边这么做。

● 表现出脆弱并没有关系（有时甚至是必要的），但沉溺于受害者意识则毫无用处。成为受害者与表现出脆弱不是一回事。

● 当我觉得眼前的危机太严重，想要放弃的时候，我感觉到孩子走在我身后，希望我成为他们遇到类似挑战时能效仿的榜样。这激励我直面危机，穿过隧道。

● 赞赏孩子是一种奇妙的发散性体验，那种体验能丰富我们每个人的生活；批评或批判孩子则是一种令人沮丧的体验，只会让我变得可怜兮兮。

● 任何时候，孩子都在我生活中发挥着三种作用。他们是我的镜子、老师或玩伴。

● 当我和太太陷入权力斗争时，总有一方记得停下来询问："在亲密关系这方面，我想给孩子树立什么样的榜样？"

● 只要我不是太高傲，愿意吸取教训，就总能学到更多东西。

我希望你喜欢这本书，并能从本书提供的信息中受益。我希望它能帮你处理与孩子的关系，甚至处理与你父母的关系。最重要的是，我写这本书并不是为了你的孩子或父母，而是希望帮你看到继续成长、走向情绪成年的重要性。（我希望世界上的成年人都能表现得像成年人。）如果你是跟我差不多的人，那么这种成长会是循序渐进的。但即使是最微不足道的一步，也是向前迈出了一步，会使你与身边的人受益匪浅。

正如我在前面提过的，我十几岁的时候父母就去世了。有很长一段时间，我都追悔莫及，因为我没有机会告诉他们，我是多么感激他们，他们是多么优秀，对我来说是多么完美的父母。虽然起初我对他们的育儿方式抱有诸多批判和怨恨，觉得他们过于严苛、非常伤人，甚至在很多情况下非常可怕，但随着时间的推移，尤其是身为人父之后，我的态度发生了变化。当然，我最初关注的是自己无效、不当、彻头彻尾的幼稚行为和态度有多像他们，但随着时间的推移，我对他们的同情和理解逐渐增加，回想起了他们给我树立的好榜样。我看到，他们育儿方式中某些美妙的元素影响了我与孟禅、孟明的互动。它们对我的孩子们益处多多，也让他们非常快乐。

不过，在养育子女这方面，我最伟大的榜样来自太太素梅。当我仅仅是容忍的时候，她真的是耐心十足；当我不确定的时候，她的思维无比清晰；当我摇摆不定的时候，她却能保持坚定不移；当我教训孩子的时候，她却认真倾听他们诉说；当我用惩罚威胁孩子的时候，她却能做出健康的回应。这样的例子还有很多，一时根本说不完。尽管我并没有暴力倾向，也没有打过孩子，但我确实是个暴脾气。我会批评、威胁孩子甚至大吼大叫，这通常会持续两到五分钟，接下来则是长达几个小时的闷头发火，但素梅从来没有责怪我过于情绪化。我们会讨论发生的事，进行"百分之三百"的沟通。这将不可避免地导致我向孩子道歉，因为他们成了我发泄怒火的对象。慢慢地（我指的是类似冰川移动的那种超慢速度），我能越来越快地意识到自己发了火，并对自己的情绪更负责。这么一来，我就不会让孩子为我的不适感或无意识反应负责。对我来说，"走过程"是一笔宝贵的财富。如果没有它，我永远不可能有所成长，哪怕是长大一点点。我还有很长的路要走，但每次向前迈出一小步，都会给我和家人带来更多的平和与亲密。

亲爱的读者，你面对的是世间最艰巨的挑战，所以请别对自己太苛刻。别浪费时间为你犯的错而自责，因为养育子女包含一连串看似永无止境的航线修正。你付出的任何努力都不会白费。即使是犯错，也是必不可少的学习工具。请记住，你即使跌倒了，也要倒向前方。我预祝你一切顺利，并将下面这首散文诗送给你。

你的孩子并非你的孩子。

而是生命自身的儿女。

他们经你而生，而非因你而来。

他们与你同在，却不从属于你。

你可以给予他们爱，

却不可赋予他们思想。

因为他们有自己的见解。

你可以庇护他们的肉体，

却不可禁锢他们的灵魂。

因为他们的灵魂栖居于明天，

你做梦也无法企及的明天。

你可以设法模仿他们，

但不要试图让他们效法你。

因为生命无法逆转，亦无法止步昨日。

你是弓，孩子是弦上射出的生命之箭。

射手（生命）望见了无限之路上的箭靶，

便用神力将你扯满，使箭飞驰远射。

请满怀喜乐，在射手掌中弯曲吧。

因为它爱飞驰的箭，也爱稳定的弓。

——哈利勒·纪伯伦 [1]

值得深思的育儿原则

1. 说到采取行动，父母永远可以在"爱"和"控制"之间做出选择。如果你不是爱孩子，就是试图控制他们。

2. 你孩子的"问题"只是冰山一角。

3. 如果你不愿意迈向情绪成长，为人父母的日子就会很难过。

4. 如果你不驯服你的怒龙，怒火就可能毁掉你的家庭。

5. 父母如果不反省，不诚实地面对自我，就很少能从自己的错误中吸取教训，更不可能做出适当的航线修正。

6. 当你对某种状况做出情绪反应，尤其是愤怒、受挫、不耐烦或焦虑时，你就会难以思维清晰、充满智慧地思考问题。

7. 你是孩子的向导，不是他们的救星。

---

[1] 摘自哈利勒·纪伯伦的散文诗集《先知》，全诗译文在此基础上有所改动。

8. 你不赞成或不喜欢孩子的某个方面，恰恰反映了你无法接纳自己的那个方面。

9. 对亲子之间任何问题的回应，都必须考虑到怎么做对孩子和父母最有利。只有这样，亲子双方才能达成真正的共识。

10. 你会根据你选择的在两极化的哪一端，以及离自己中心点的距离，来感知孩子的行为、语言和外表。

11. 父母并非总是处于适当状态，适合给孩子充当智慧慈爱的向导。这并不是父母的错。

12. 大多数情况下，担忧都是徒劳无功的强迫行为。

13. 一般来说，走向情绪成年是渐进式的成长体验，父母往往需要花很长时间才能有意识地觉察到这种成长。

自测问题

与孩子之间发生不愉快的交流后，你可以向自己提出以下问题，以便进一步觉察到你采取的哪些无效行为导致情况恶化，以及那些行为受到了哪些无意识情绪的影响。

- 孩子的哪些行为或不作为让你如此恼火？
- 你有什么反应？你有没有厉声训话、吼叫、批评、施以惩罚？
- 你当时体会到了某种情绪能量，它影响了你的行为方式，那种情绪能量是什么样的？你是不耐烦、沮丧、愤怒、焦虑，还是失望？
- 你的行为是否让情况有所好转？

- 你的行为是否有助于打造与孩子的亲密纽带？

- 你对自己应对孩子的方式感到满意吗？

- 你的行为是否促成了你与孩子和解？

如何识别孩子偏差的行为

孩子偏差的行为源于对重要性和归属感的需求没有得到满足，因而感到受挫。为了识别孩子陷入的是哪类行为，你只需要看一看，你在被孩子的行为触发时有什么感受。

- 吸引关注（父母感到恼火、心烦）；

- 权力斗争（父母感觉受到挑战）；

- 报复（父母感到极度震惊、痛心）；

- 自暴自弃（父母感到无力、无助）。

当然，重点在于，你要觉察到自己的情绪，并负责地加以应对，以便对孩子的行为做出更有效的回应。

运用亲子极性模型

父母并不经常审视自己的行为，而当他们审视的时候，往往会把孩子视为问题所在，进而为自己辩护。我在下面列出了四个基本问题。如果你足够幸运的话，在发现自己陷入无意识的强迫行为后，会记得向自己提出下列问题。

- 我现在如何看待（批判）孩子？我把他们放在哪个象限？
- 我站在什么立场（哪一极），导致我这样看待孩子？我处于哪个象限？
- 从我反应的剧烈程度来看，我离自己的中心点有多远？
- 我的真实感受是什么，是什么导致我出现了这种反应？

当你凭借直觉或有根据的猜测回答上述问题后，你就可以直面"远离自己的中心点"这个问题，并通过"走过程"加以克服。这对你来说是个巨大的挑战，但孩子值得你这么做。请记住，你觉得孩子有多任性，离他们的中心点有多远，你就离自己的中心点有多远。

通往人类感受的"三道门"

几乎所有的人际冲突或问题背后，都存在三种常见的人类体验：不配、被抛弃和心碎。

如何"走过程"

当你发现自己对某个问题或亲子冲突反应过激时，不妨采取以下步骤：

- 停止这种行为，换个能让身体放松的姿势（坐下或躺下）。
- 问问自己："我的哪种感受让我做出了这种反应？是不配、

被抛弃还是心碎？"直觉会给你答案，或许会指出三种情绪中的不止一种。请选出此时在你看来最强烈或最重要的一种。

- 问问自己："这种体验存在于我身体的哪个部位？"
- 把手放在你感觉或想象那种情绪存在的部位，以便将注意力集中到那一处。
- 接纳那种情绪，与它相处片刻。
- 意识到那种情绪是多么熟悉，意识到它已经在你体内存在了多长时间。
- 将觉知引入那种能量模式的中心，放松下来，让觉知越来越深入，最终穿透过去，抵达潜藏其下的主要感受。
- 让你的觉知深入那种能量，最终体验到平和、满足与思维清晰。
- 等你感觉自己完整了，如果惹恼你的问题仍然存在，再对它做出回应。

亲子沟通的基本要素

- 这种沟通背后的意图是什么？
- 孩子想向我传达什么？
- 在这件事上，我觉得自己对孩子犯了什么错？我想为了什么而道歉？
- 对于孩子看起来的前进方向，我和孩子分别存在哪些担忧？
- 我和孩子真正想要的是什么？

如何进行真正的道歉

真正的道歉是一种负责的行为，我们可以借此：

- 承认自己偏离了正轨；

- 接受自己犯了错，而犯错是学习和成长的必要组成部分；

- 承诺将付出更多努力，保持正确的前进方向。

给孩子做咨询的关键要素

通过反复试错，我和素梅发现了一些关键要素，以便在孩子寻求帮助时给他们做咨询。这些要素包括：

- 倾听；

- 用"觉知回路"倾听；

- 积极倾听；

- 概括你理解的内容；

- 找到与孩子内在体验的共鸣；

- 简要分享洞见；

- 鼓励探索对问题的可能回应（而不是解决方案）；

- 提供支持和鼓励；

- 尽量少问"为什么"（最好别问）。

附　录

＊

儿童和青少年的心理健康指引 [1]

一到两岁

● 不理解意图——他们能看到东西，不假思索地做事，但不去想为什么或意味着什么。

● 根据好奇心行事，把东西拽下或拆开，看看会发生什么事。

● 或许看起来专横自私，但请记住，凡是他们感兴趣或认为是自己的东西，都会被他们视为自己的延伸。

● 开始理解占有，形成强烈的自我意识。

● 他们最喜欢说的两句话是"我的！"和"不要！"。

● 他们最不爱听的两句话是"我的！"和"不要！"。

● 在这一阶段末期，随着开始尝试独立，他们可能会变得更爱

---

[1] N Karen, Young psychologist Masters in Gestalt Therapy. Article: Phew! It's Normal. An Age by Age Guide for What to Expect From Kids & Teens. 凯伦创建了在线资源站点 Hey Sigmund，提供以研究为导向的最新信息，介绍做人和与人相处的艺术。该网站特别强调儿童和青少年的心理健康。

挑衅。因为对自己缺乏语言和沟通能力感到沮丧，他们可能会大发脾气。

- 发脾气也可能是因为他们体验到了强烈情绪（沮丧、愤怒、悲伤、羞愧），却无法用言语表达。

三岁

- 尝试独立。可能导致发脾气。
- 希望增强掌控。可能导致发脾气。
- 失望时会变得沮丧。可能导致发脾气。
- 在"想要独立"（"我来做！"或"我自己做"）和"想被当作小孩"（"抱我"或"你来做"）之间摇摆不定。
- 对"不"这个字形成特殊依恋，并经常练习说这个字，即使他们指的是"好"。可能出现口吃或结巴。
- 开始想控制周遭环境，想要安排活动、自己做事、尝试有挑战性的事。
- 躺上床后可能会不停喊你回来。
- 可能会突然产生恐惧，甚至出现恐惧症。
- 可能会混淆真实与幻想，所以可能有一个或多个想象出来的朋友。
- 仍然不理解分享，常常申明所有权："我的！"
- 当父母把注意力放在其他孩子身上时，可能会表现出嫉妒。

四岁

- 开始出现批判，用简单的词语定义世界。人和事不是对就是错，不是好就是坏，不是善就是恶。

- 开始意识到语言的力量，有时会用语言达到自己的目的或控制他人。他们仍然无法很好地掌握语言，所以经常会用行动（打人、推人、抓人）或非语言元素（语气、音量、面部表情、坐立姿势）来强调自己说的话。

- 变得好胜。

- 有时仍会模糊现实与幻想。可能会说谎、吹牛或有想象出来的朋友。

- 仍然在建立自我意识并尝试独立，所以可能显得固执、挑衅、专横。

- 会做各种各样的事，拖着不肯上床睡觉。

- 可能会做噩梦。

- 可能怕黑，或者一想到与父母或照料自己的人分开就焦虑不安。

- 会在你面前测试行动极限，但仍然热衷于取悦你，只要有机会就给你帮忙。

五岁

- 理解规则的重要性，但玩耍时可能不守规则。至少对他们来说，规则是"灵活"的。

- 如果他们没有赢，就可能指责别人作弊。

- 开始展现出同理心，理解别人的观点可能与自己不同。

- 能够与人分享，但仍然觉得很难做到，尤其是涉及自己的特殊物品时。

- 可能害怕失败、批评和吓人的东西，比如鬼魂和怪物。

- 注意力范围开始拓展，这会影响你能与他们进行讨论的类型。

- 可能表现得在每件事上都是"专家"。

- 希望自己做决定，尤其是衣着和食物。

- 如果开始上学，可能比平时更情绪化、更敏感、更疲惫，因为长时间久坐不动、集中精力是很累人的。

六岁

- 开始测试极限，但仍会想取悦你并帮助你。

- 为自己的学习成绩和做的好事寻求表扬。

- 寻求掌握新技能，感觉自己很能干。

- 可能担心跟你分开。

七岁

- 可能喜欢抱怨，通常是抱怨父母或规矩，但也会抱怨朋友和其他孩子。

- 觉得遭到很多人误解。

- 可能夸张地描述学校、朋友或生活。

- 尝试用语言表达自己的感受，但烦躁时可能变得沮丧、愤怒。

- 越来越能体察别人的想法。

八岁

- 希望你和他们想法一致，无法容忍你提出不同观点。
- 对你对他们的看法很敏感。
- 经常跟妈妈吵架。
- 没有太多灰色地带。事物都是非黑即白，非对即错，非好即坏。
- 这种绝对倾向可能会给友谊造成麻烦。但令人欣慰的是，你的孩子并不是唯一在这方面遇到麻烦的小孩。他们会没事的，这是他们学习友谊和如何与人相处的阶段。

九岁

- 朋友开始比父母重要，这种状态将延续到青春期。
- 朋友的想法开始变得越来越重要。
- 友谊范围缩小，形成更亲密的友谊，但朋友数量减少。
- 跟朋友分享笑话和秘密。
- 反抗规矩和指导，可能不尊重你。
- 能展现出温情甚至冒傻气，但也会变得自私、爱争论、不友好。

十到十一岁

- 童年时期的脾气会逐渐减弱。请好好享受这段时期，因为青春期即将到来。

- 可能仍会争辩规矩的必要性。

- 会试图找借口和理由来解释不守规矩——他们会拼命寻找规矩中的漏洞。

- 承诺变得很重要，他们会记住每件事——除了轮到他们倒垃圾的时候。

青春期

- 朋友变得比家人更重要。你仍然很重要，但有些事他们必须去做——作为健康独立的成年人踏入人世时，他们需要弄清自己将成为什么样的人。就像你在他们这个年龄段时不得不做的那样。

- 在一段时期内，同龄人的看法将成为他们的压力源。女孩会在十三岁时达到巅峰，男孩则在十五岁时达到巅峰。他们可能会不遗余力地试图融入同龄人，包括做出愚蠢的决定或将自己置于险境。请做个深呼吸，别紧张，这个阶段会过去的。

- 他们会变得更爱争论，更叛逆。这完全符合青春期对于冒险和尝试独立的渴望。

- 可能与你产生情感隔阂（别担心，他们会回来的，但也许要等到度过青春期以后）。

- 可能不想在公众场合被人看见跟你在一起，无论你有多酷。

- 测试自己的形象、身份认同和处事方式。

- 可能开始发生性行为。

- 可能很冲动，开始冒险。

- 更有创造力，开始以真正有趣、与众不同的方式思考世界。

- 表现得似乎你对他们的看法并不重要，但那其实很重要，跟以前一样。

- 常常误解你表达的情绪。当你毫无感觉时，他们会解读出愤怒、敌意或失望。

- 睡眠周期发生变化，新的昼夜节律会使他们的活动时间比小时候多出三个小时。这就意味着，他们会比过去晚三个小时入睡。除非他们彻底筋疲力尽，否则从生理角度来说，他们很难提前入睡。他们需要九到十个小时的睡眠时间，因此第二天早上容易睡懒觉。

- 对于会影响到他们的事，希望自己做出决定。

加入作者线上成长社群，获取更多配套福利

克里斯多福·孟率中国哈巴团队倾力打造的线上情绪成长社群

● 扫描右侧二维码，获取本书配套冥想，帮助你吸收和掌握书中所学知识，带你一步步从知道到做到。

跟随克里斯多福·孟成为温和而坚定的父母

● 体验由克里斯多福·孟亲自率领设计的"掌上咨询师"——《哈巴一下》（原名：Habot），通过系统化、定制化的方式，帮助你成为"温和而坚定"的父母。

● 进入成长社群，你将获得与作者面对面答疑互动机会，和一群志同道合的人分享收获与成长。

图书在版编目（CIP）数据

亲密关系：亲子关系的重建 /（加）克里斯多福·孟（Christopher Moon）著；王岑卉译 . -- 长沙：湖南文艺出版社，2023.7

书名原文：Raising a Parent

ISBN 978-7-5726-1119-3

Ⅰ.①亲… Ⅱ.①克…②王… Ⅲ.①亲子关系－家庭教育－通俗读物 Ⅳ.① G78-49

中国国家版本馆 CIP 数据核字（2023）第 065850 号

上架建议：心灵成长·亲子关系

QINMI GUANXI:QINZI GUANXI DE CHONGJIAN

亲密关系：亲子关系的重建

著　　者：[加]克里斯多福·孟（Christopher Moon）

译　　者：王岑卉

出 版 人：陈新文

责任编辑：刘雪琳

监　　制：邢越超

策划编辑：李彩萍

特约编辑：尹　晶

营销支持：文刀刀　李美怡

封面设计：利　锐

版式设计：梁秋晨

内文排版：百朗文化

出　　版：湖南文艺出版社

　　　　　（长沙市雨花区东二环一段 508 号　邮编：410014）

网　　址：www.hnwy.net

印　　刷：天津联城印刷有限公司

经　　销：新华书店

开　　本：875mm×1230mm　1/32

字　　数：158 千字

印　　张：7

版　　次：2023 年 7 月第 1 版

印　　次：2023 年 7 月第 1 次印刷

书　　号：ISBN 978-7-5726-1119-3

定　　价：49.80 元

若有质量问题，请致电质量监督电话：010-59096394

团购电话：010-59320018